因为是男孩，
更要补上这一课

如何给儿子更好的性教育

穆莉萍 著

北京理工大学出版社
BEIJING INSTITUTE OF TECHNOLOGY PRESS

版权专有　侵权必究

图书在版编目（CIP）数据

因为是男孩，更要补上这一课 / 穆莉萍著. —北京：北京理工大学出版社，2021.1（2023.6重印）

ISBN 978 – 7 – 5682 – 9246 – 7

Ⅰ. ①因… Ⅱ. ①穆… Ⅲ. ①男性—青春期—家庭教育 Ⅳ. ①G782

中国版本图书馆CIP数据核字（2020）第222990号

出版发行 / 北京理工大学出版社有限责任公司	
社　　址 / 北京市海淀区中关村南大街5号	
邮　　编 / 100081	
电　　话 /（010）68914775（总编室）	
（010）82562903（教材售后服务热线）	
（010）68944723（其他图书服务热线）	
网　　址 / http://www.bitpress.com.cn	
经　　销 / 全国各地新华书店	
印　　刷 / 唐山富达印务有限公司	
开　　本 / 880毫米×1230毫米　1 / 32	
印　　张 / 7	责任编辑 / 宋成成
字　　数 / 119千字	文案编辑 / 宋成成
版　　次 / 2021年1月第1版　2023年6月第10次印刷	责任校对 / 刘亚男
定　　价 / 45.00元	责任印制 / 施胜娟

图书出现印装质量问题，请拨打售后服务热线，本社负责调换

因为是儿子，
才更应该接受性教育

我是一名从事刑事检察工作二十多年的检察官，也是一位妈妈。职业的原因让我接触到许多实施性侵犯罪的未成年男孩以及他们的家长，同时也接触到许多遭受性侵害的被害女孩以及她们的家长。

这些未成年的男孩、女孩，不论是性侵加害者，还是性侵被害者，背后都有一个令人长吁短叹的故事。形形色色的人、各种不同状况的家庭，促使我关注并思考家庭性教育的关键是什么，进而投入精力开展一系列应如何帮助未成年人自我保护、预防性侵的教育、调研和讲座。

最初的焦点大多数是关注女孩预防性侵犯教育方面的问题，在持续关注的过程中，接触到许多孩子和家长，深深体会到单纯进行女孩预防性侵犯教育是远远不够的，也深切感受到性教育话题在社会家庭教育中的普遍缺失。男孩和女孩的性教育有在性成长方面共性的话题（这部分内容不可避免是相同或类似的），但更有性别上的差异，男孩的性教育同样迫切。

许多家庭正因为是男孩，在性侵教育方面相对宽松。男孩对性的探索也相对积极主动，从而导致其更多接触到生活环境中一些负面的性信息。

当面对本应由父母引导的性问题时，家长又因对性的无知、羞涩甚至错误的观念，采取了回避态度，有意识或者无意识地向孩子传递了偏颇的性价值观，导致男孩因为性的无知而遭受伤害，也导致其在成长过程中产生了扭曲的性观念，继而发展为性侵犯者。

对于男孩，我们往往心存侥幸地认为"性"这部分不用教，而且羞于教，以为孩子长大成人自然就懂了，自然就会了，然而，无数个案例提醒我们，一份份性侵社会问题调研报告警示我们，事实并非如此。每个遭受不幸的未成年人家庭背后，大多数都有在性教育上无知的父母。

过去是现实的序曲，我们除需要教育男孩不能成为"潜在的性侵犯者"外，更希望男孩成长为一个人格健全的男人，可以拥有健康幸福的人生，而作为人格重要组成部分的性教育就显得尤为重要。

抚养、保护孩子是父母的责任，育人先育己，因此，面临性教育问题最迫切的、最该学习和成长的，是父母。

作为一名检察官和一位妈妈，育儿过程中有关性教育的话题肯定少不了，踩过不少坑，也收获了不少经验教训，更见过许多悲欢离合。

这是一本写给父母的家庭性教育书，我想用一些亲身经历的知识积累和案例分析，给作为父母的你，一点育儿性教育方面的启发。

穆莉萍

2020年8月10日

目 录

第一章 性教育决定男孩一生是否幸福 / 1

男孩的性教育同样是生命教育 / 2

男孩的性教育有何不同 / 8

性教育贯穿养育的始终，什么时候补课都不晚 / 13

第二章 应该向男孩传递什么性理念 / 17

性意识的培养为何重要 / 18

男孩更需要培养身体自主权意识 / 23

男性角度的性平等意识 / 30

男孩性意识培养中，尊重为何如此重要 / 37

第三章 沟通性话题的技巧和原则 / 43

尊重的意识只有在被尊重中才能培养出来 / 44

家庭日常生活随处是可教时机 / 49

性话题有利于保持良好的亲子关系 / 54

儿子的性教育，父母一起来 / 59

怎么和青春期儿子尬聊性话题 / 63

第四章 青春期前应注意的性教育关键节点 / 69

幼儿时期是自由探索时期 / 70

不可忽视的性发育潜伏期 / 74

父母对男孩性别认知教育有哪些影响 / 79

离乳分床期的困惑 / 86

看到男孩自慰，你会怎么处理 / 91

练习憋尿帮助男孩建立对性冲动的自控力 / 95

关注男孩游戏的性边界 / 99

性心理发育迟滞的影响 / 104

父母应重视孩子性心理发育被提前唤醒的影响 / 109

第五章 青春期应注意的性教育关键节点 / 115

帮助男孩了解并合理接纳自己的第二性征 / 116

帮助男孩了解女性第二性征 / 121

儿子"娘娘腔"怎么办 / 125

如何引导男孩的青春期爱恋 / 131

不支持不反对，帮助男孩建立爱的边界 / 137

让男孩懂得性和责任应该在一起 / 142

和男孩讨论一下裸体色情和裸体艺术的区别 / 147

见到男孩在看成人小电影，父母如何回应 / 151

帮助孩子了解艾滋病等性传染病的基础知识和防护途径 / 156

目录

第六章 男孩也需要提高自我保护意识和能力 / 161

什么是儿童性侵犯 / 162

如何教育孩子防范"熟人"性侵 / 168

如何让孩子了解什么是"性侵意味的行为" / 172

建立身体边界感是男孩安全意识的起点 / 177

帮助男孩了解哪些雷区不要碰 / 183

第七章 帮助男孩面对性暴力,更要避免男孩成为加害者 / 187

父母在性暴力认识上常见的误区 / 188

纠正误区,教育男孩不做性暴力加害者 / 194

关注儿童性侵犯中的男童受害者 / 198

面对孩子遭受的性犯罪事件,父母该如何自救 / 203

父母如何帮助孩子走出性暴力伤害事件 / 209

第一章
性教育决定男孩一生是否幸福

章|节|寄|语:

性是生命之源,自然流淌,生命的成长离不开父母的养育,男孩性教育关乎其一生的幸福健康,是为人父母养育生命不容推卸的责任。

因为是男孩，更要补上这一课

男孩的性教育同样是生命教育

性是人的生命之源，伴随我们一生，在对女孩的性教育上，我强调了性教育是生命教育，事实上，对男孩而言，性教育同样是生命教育。

相对于父母对女孩性教育过度焦虑的情绪而言，父母对男孩性教育在心态上相对比较宽松淡定，但实际上，所谓的"宽松淡定"心态，在互联网飞速发展的今天，也越来越不淡定了。

一方面，传统文化、原生家庭对性的羞涩和耻感，让我们羞于谈性，有意无意地回避性教育；另一方面，社会飞速发展，现代社会中的孩子处在一个信息爆炸的时代，各式各样有关性的信息在我们的生活中无处不在。

儿童首次上网的年龄越来越早，根据网络数据调查，我国儿童首次接触互联网的年龄集中在6~10岁，占比达到60%以上。儿童接触网络越来越趋于低龄化，这也意味着儿童遭受网络不良信息侵害的风险在不断加大，其中就包括遭受儿童色情和网络性侵的风险，而父母对于男孩在性教育

上相对宽松的回避态度，让男孩更容易获得随处可得的性信息，并且相当一部分是负面的性信息。由此可见，现实生活中，男孩在性信息方面受负面影响的风险往往更大一些。

根据孩子的年龄、认知水平，在可以适当开展性教育的时候，父母却常常刻意回避，甚至禁止有关性信息的出现，而现实生活中，网络上的性信息又无孔不入，孩子反倒因为家长的回避或禁止，更加容易对此产生异常的好奇心，进而发生误入歧途的案例。

各种理由和情形影响到父母对性的认知，这些认知又决定了父母如何对孩子进行性教育，即使为人父母，内心对性教育足够重视，认为需要教、必须教，也会因社会整体文化或家庭对性的敏感，无法做到坦然自如。

孩子对性信息的接触到底是什么一个状态，父母心底也没谱。我在给中学生做预防性侵讲座的时候，曾和他们做过一个小互动。下面和大家分享一下这次互动，父母们或许会有新的认识。

我把全班学生分成两组，每组男生、女生混合，在板书上写下"性"这个字，然后让第一组学生写下看到这个字后，联想到日常有关身体方面的词语；让第二组学生写下看到这个字后，联想到日常有关精神、心理方面的词语。之后，再让他们根据自己的感受做出分类，把每组写出的词语分为正面情绪和负面情绪两类。

第一组:写下的(联想到日常有关身体方面的)名词和动词有:

男女、乳房、屁股、小鸡鸡、精子、卵子、荷尔蒙、月经、子宫、避孕套、避孕药、卫生巾、底裤、文胸、强奸犯、色狼、baby、sex……

性交、遗精、自慰、胎教、生小孩、打飞机、勃起、射精、抚摸、接吻、怀孕、霸王硬上弓、泡妞、强奸……

第二组:写下的(联想到日常有关精神、心理方面的)名词(或形容词)和动词有:

性别、性感、漂亮、恋人、爱人、夫妻、母亲、宝贝、快感、快乐、幸福、恶心、害怕、害羞、色眯眯、贞操、处女、处男、处女膜、背叛、欺骗、肮脏、小心翼翼……

爱抚、亲吻、上床、做爱、交往、追求、性交易、嫖娼、初次性行为、强奸、偷情……

如果你是父母,见到这样的结果是否和我一样惊讶?但这是实情。

从孩子们写出的这些词语中我们发现,不管是名词、形容词还是动词,很容易区别这些词语在情绪上是正面的还是负面的。看到性,联想到日常有关联的词语,其实也反映出孩子接触到有关性的信息是积极的还是消极的,如联想到词语"快乐""baby"等反映的就是积极感受,联想到"色狼""肮脏"等词语,反映的就是消极感受。

这也正是性在社会、生活、家庭中的真实存在,有积极的一面,也有消极的一面。之所以会有这种积极或消极的不同感受,是因为这些词语背后隐含着孩子们对性认识的不同角度和价值观。这些隐藏在背后的性价值观,才是我们在对孩子进行性教育的时候,引导孩子理解性的积极意义和某些客观存在的消极现象时应该觉察的重点。

对女孩的性教育,父母通常是抱着谨慎回避的态度,而对男孩的性教育,虽会宽松不少,但大多数父母同样持回避的态度。与此同时,由于父母在其他方面会对男孩更多地采取鼓励主动的教养方式,所以现实中男孩对性信息有更多主动探索的欲望和机会。在无孔不入的互联网信息社会,男孩接触有关性的信息相对较多,受负面性信息的影响也就可能更多一些。

这些负面性信息背后的消极性价值观,必然影响到孩子对性的认知。假如这个时候,家长对男孩性教育方面仍旧持宽松回避的态度,不及时纠正这些负面消极的性信息影响,孩子便会形成偏颇的性价值观,我们又如何期待孩子成年后可以拥有健康幸福的人生?

由此可见,性教育是影响到孩子一生幸福的课题,我们对男孩的性教育不可缺位。这里,需要父母们首先明白,性

教育不仅仅是单纯性生殖、性生理卫生的教育,而且还包括性道德、性感受、性追求、性审美、性法律底线、性心理以及性价值观等促使一个人全面发展的人格基础教育。

性教育是一项综合生命教育,性是伴随孩子一生的话题。帮助孩子打好人格教育的基础是父母不可推卸的养育责任。假如父母对男孩的性教育持续采取宽松回避的态度,这个缺位自然会被不确定的外界环境因素补上,因为性信息在生活中确实无处不在。这些性信息背后的价值观直接影响到孩子对性的认知,并逐步内化成其人格的一部分。

其次,孩子从出生到成年,成长是一个漫长过程,性的成长发育也是一个有着本来节律的生命过程。作为父母要理解性的发育和教育是需要分阶段的,幼儿期(0~6岁)、潜伏期(7~10岁)、青春期(11~20岁)。其中青春期又分青春启蒙期、青春发育期、青春成熟期。

生理发育阶段不同,心理区别巨大,我们需要把握每个阶段性教育的关键节点,并且在一些性教育原则问题上不出现重大误差或疏忽,因为父母一旦错过性教育的关键节点,往往会对孩子下一个阶段的成长造成比较严重的后果。

孩子生命的起点来自父母,来自家庭。父母是孩子的第一任老师,对孩子进行性教育的主战场是我们的家庭。在日常生活中父母对孩子进行性教育方面的语言、态度和行为方式,这些点点滴滴潜移默化地影响了孩子对性的认知。一堂

第一章 性教育决定男孩一生是否幸福

性教育课或许可以教给孩子一些性知识,但形成孩子的性道德、性感受、性价值观等人格组成部分,最大的影响因素仍来自父母。

这样一来,父母对性的认知、对性的态度、对性知识的了解也就显得尤为关键,这也是我写这本书想带给大家的一些信息。那么,在男孩成长的重要阶段,有哪些性教育的关键原则和节点?后面的章节我们将一一道来。

男孩的性教育有何不同

男孩的性教育在原则和本质上，其实和女孩的性教育应该没有什么不同，目的都是让孩子拥有幸福的能力。

然而，在社会家庭中的现状是：对待女孩的性教育，大多数父母持谨慎回避的态度，大概率地形成了女性消极对待性的方式，总体上造成女性在性方面形成回避、隐晦、畏怯的心理；而对待男性的性教育，大多数父母又持宽松回避的态度，在很大程度上会使男性在性方面采取放任、不负责任的态度，并对性欲望产生偏差性的认识。

父母对男孩性教育相对宽松的态度，看起来是相对积极的，实际上却是消极的，并且一样存在负面影响。性教育的空白和父母的相对宽松、放任的态度，会使男孩更容易接触到网络世界里不良的性信息，其结果同样不可预测，出现极端例子的也不在少数。

另外，在现实生活中因为男女在性观念方面的认知偏差，直接导致两性关系的不和谐案例比比皆是，性别歧视现象也不是少数。

对男孩性教育的不同是基于客观现实的不同，这种不同涉及性教育的各个方面。作为家长，需要掌握符合男孩健康幸福成长的综合人格教育的性理念，尽力把男孩培养成具有独立人格，对自己和他人都能够负责的男人，而不是仅仅把性理解为性关系，对孩子的性教育还停留在对女孩是预防性侵犯，对男孩是教导不要闯祸的阶段。

我们固有的对性的偏见会影响到日常对待男孩性教育的态度，也在潜移默化地影响着其对待性的态度。例如，常常见到父母在日常教育男孩时，会偷偷叮咛，和女孩子交往要注意不要搞大女方肚子等；而在嘱咐女孩时，大多数父母则采取严防死守的方式。这种在男孩女孩身上截然不同的性教育方式，直接导致了男孩和女孩在对待性方面产生完全不同的两种态度。

父母对待女孩这种在性关系上"严防死守"的态度，向女孩传递了一个认知，性是可怕的、恐惧的和羞耻的。女孩对性关系形成这样的认知也必然影响到她成年后的婚姻状态。

父母对男孩这种在性关系上"不要闯祸"的心态，向他们传递了一个认知，只要不闯"祸"，男孩在发生性关系方面可以被允许的，这样的心态进一步还可能使男孩产生可以不用负责任的心理。事实上，男孩一旦形成这种对待性关系放任、不负责任的态度，也必然导致其成年后对待两性关系

的态度，同样影响孩子成年后的婚姻状态。

父母这种看起来对待男孩性教育上宽松、积极的态度，实际上也会起到消极作用。

我们希望孩子拥有健康幸福的人生，希望孩子懂得健康的性知识，拥有正向的、积极的性态度和性理念，然而，在日常点滴生活中，我们又随时在传递负面的性价值取向。如果在对待孩子性教育问题上，父母同样在做着南辕北辙的事情，那么距离我们期待的目标只能会更远。

男孩性教育的不同，首先需要父母思考有关性教育本身的问题。性教育是一个人综合人格的基础教育，我们希望男孩成年后能够获得健康幸福。那么什么样的性教育才能起到积极正面的作用？

比如，在男孩是如何认识和对待"女孩来月经"这件事上，父母通常认为这是女孩的事情，男孩没必要了解，于是网络上出现了一个男女交往过程中关于月经的段子：女生说渴了，男生说多喝热水；女生说发烧了，男生说多喝热水；女生说感冒了，男生说多喝热水；女生说来月经了，男生说多喝热水……最后女生回复：滚！结束了。此条段子的评论众多，无数女生吐槽自己男朋友在其生理周期时表现得如同白痴。有一则评论写到，一次一起外出游玩，自己突然来月经，需要马上去买卫生用品，男友竟然回答："你不可以憋一下吗？"也许你看后一阵爆笑，但笑过之后我们是否想过，为什么这么多女性吐槽男性在性方面的错误认知，他们是如何接受性教育的？不难得出结论，这些男孩在成长过程中，性教育是严重缺失的，他们接受的性知识也是非常片面的。

这里谈到的月经，只是我们生活中关于性问题一个很小的事例，然而，这种片面的性知识认知在男性和女性之间却非常普遍，由于彼此没有了解，互相产生误会而导致两性关系不和谐的案例在生活中经常出现。

其次，男孩的性教育需要家长们的自我觉察和改变，因为男孩父母的情绪没有那么焦虑，往往更容易忽略男孩的性教育。社会、家庭乃至我们个人，在对待男孩性教育方面普遍存在偏颇。事实上，男孩的性教育更需要我们留意。

觉察自己，改变自己。最起码正在看书的你，可以先做到。

父母需要学习，坦然承认自己的不足，摒弃旧的观念、错误的态度，接受新的性教育理念。为了男孩以后生活的健康幸福，应纠正那些带有偏见的看法，适时地调整对男孩在性教育方面的态度，全面培养男孩独立自主的人格，对自己负责、对他人负责的性观念，除要教给男孩正确的性生理卫生知识（包括男女）外，我们更需要觉察的是在日常生活中，我们的言行传递给孩子什么样的性理念和性价值观。

区别对待男孩和女孩的性教育，是觉察男孩性教育中有失偏颇的理念和方法。修正我们对待男孩性教育方式的本质目的是和女孩性教育一致的，都是让他们拥有获得幸福的能力。

性教育贯穿养育的始终，什么时候补课都不晚

前面章节我们讲过，性教育是一项综合的生命教育，性教育的主战场是家庭，并且贯穿我们养育孩子的始终。不论父母是否有这种意识，其实对孩子性教育的影响，从孩子出生那一刻就开始了。

日常生活中，当我们得知亲朋好友生了孩子的消息，下意识的第一句话往往是："恭喜恭喜，是男孩还是女孩？"

这个我们关注性别的提问，其实就是性教育的开端。

我们对宝宝的动作、语言、神情之所以会产生不同的认识，都是因为知道他（她）是男孩还是女孩，我们会下意识地把自己对男孩或者对女孩的期待和认识，加载在对待孩子的方式中。

比如，我们给宝宝买衣服时，在蓝色和粉红色之间选择，下意识地会给男孩选蓝色，给女孩选粉红色；给宝宝买玩具时，在挖掘机和芭比娃娃之间，我们会选择给男孩买挖

掘机，给女孩买芭比娃娃；面对不会说话的小宝宝，我们抱起女宝宝比抱男宝宝时，会不由自主地格外温柔细心些；我们在回应男孩和女孩的哭泣的时候，只要你留意，不难发现，我们的神情、语言、动作都会有区别……

这些对待男孩女孩方式的不同，是基于我们所处的社会文化对男性和女性性别角色的认知不同，其实就是一种潜移默化的性别角色教育，帮助孩子建立对自己性别的认同、认可，避免人为错误引导，以免孩子对性别认同产生混淆。

随着孩子的长大，我们还会因为孩子性别的不同，对他（她）在行为、品质、性格等许多方面有不同的要求，而孩子对这些不同要求的应对方式，也会逐渐加深孩子对自己的性别认同，建立完整自我。

父母对孩子的性教育，甚至一个性别认知的日常影响和教育，都贯穿了孩子从出生到成年的许多年。而孩子的性教育，并不局限性别认知，性教育贯穿我们养育孩子的始终。

男孩和女孩的成长有着他们本来内在的规律，每个年龄阶段的性发育都有着自身的特点和规律，需要父母顺应孩子性发育的自然节律，顺势而为，既不揠苗助长，也不延迟滞后，在性教育的关键节点还需要有意而为。

如果父母对性存在一定的羞涩和耻辱感，即使有对孩子加强性教育的意识，在日常生活中也会不自觉地回避。

孩子刚刚读幼儿园时，年龄还小，讲了也听不懂，等孩子读小学再开始；孩子读小学了，这方面学校应该有教，以后再说；不知不觉孩子开始青春期发育了，父母内心的小鼓可能敲打一万下了，但这个时候，处在青春期的孩子往往已经不屑和父母沟通这个话题了，特别是当父母发现孩子在性方面存在一些偏差行为时，可能就开始着急了。

在孩子成长的每个阶段，孩子的性发育程度需要和孩子的年龄大体上匹配，同时，也应与人的心理发展阶段相匹配。

当发现孩子存在性方面的一些偏差行为时，其实是在给父母敲警钟，父母在性教育上已经出现了偏差，到了应该马上修正的时候了。

导致出现偏差行为的原因，有可能是孩子的性意识被提前唤醒，出于好奇心做出了一些出格的行为，这一点在男孩身上比较多见；也可能是孩子的性意识严重滞后，出于无知依赖心理做出一些不合适的行为。不论是哪种情况，都是在提醒父母必须修正自己的做法。

孩子从出生到十八岁成年，在性教育方面，父母都责无旁贷。对于性知识，家长肯定比年幼的孩子懂得多，家长或许更关心，有什么方法可以使父母和孩子之间的性话题沟通得更顺畅？哪些性知识和孩子讲才契合其认知水平？还有沟通原则和方法，我们也将在后面的章节详细讲述。

比如，正常离乳分床的年龄为0～6岁，但有些父母不是因为客观条件的原因，还和10岁以上的孩子一起睡，特别是子女和异性父母孩子一起睡，如男孩和妈妈，女孩和爸爸，当已经觉察到不合适，父母应该怎么做？是继续放任孩子耍赖不分床还是马上分床？这是需要父母做出决断的。

对孩子性心理发育的不良影响了解不够，对孩子不合适行为迁就所造成的不良影响认识不足，才是造成父母悔之已晚的原因。

意识到孩子出现行为偏差的时候，就是修正错误的最好时机。我们对已经发生的事情无法补救，那么把不良后果影响降至最低直至消除的最好时机就是现在。

性教育贯穿养育孩子的始终，未雨绸缪，父母提前做好知识储备当然最好不过，但同时，孩子的成长是不可逆的，任何时候意识到性教育的必要性和问题的存在，都是采取措施的最好时机。

唯一需要父母努力的是，学习如何掌握正确有效的补救措施并采取行动，后面的章节中会有答案。

第二章
应该向男孩传递什么性理念

章|节|寄|语：

性教育中最关键的部分应该是性理念，是对性的认知、理解、态度和体验。这些才是决定我们行为最核心的部分，而选择和行为又决定了我们的人生轨迹和命运。

性意识的培养为何重要

某个读幼儿园的男孩喜欢了一个女孩,回来告诉妈妈,想娶她做老婆,妈妈哈哈一笑说:"好哇好哇!"……幼儿时期,男孩对女孩这种朦胧的喜欢就是性意识的萌芽。

读小学的男孩和女孩是邻居,两小无猜,他们的关系被同学取笑成"老公、老婆",两个人从此避嫌再也不说话……这是八九岁孩子性意识的成长。

青春期的男孩给喜欢的女孩写了一封情书,遇到她时,心如小鹿乱撞,一个人独处幻想时,或许还有勃起反应……这是十几岁孩子性意识的进一步成长。

这些都是性意识的一种表现形式,那什么是性意识?从百科文库里,我们可以得到这样的一个概念:"性意识(sexuality)是指针对相关对象能引发性欲和性唤起的神经反射。一个人的性取向可能会影响他们的性意识及对另一个人的兴趣和吸引力。影响性意识的因素有生物、情感、生理、精神方面。性意识的生物学方面依赖于生殖机制以及原始本能,受激素控制。"

性意识包括对性的理解、体验和态度。随着男孩的身体发育、性心理的成长,对性的理解逐渐加深,同时,会天性使然,进行自我探索,体验身体性器官的感受。男孩对性的态度是在和父母、社会环境互动过程中逐步形成的认知。

性意识的形成和发展从孩子出生就开始了,最早的性意识是对父母和自己性别角色意识的建立,大约在0～3岁形成。

孩子的生物性别是天生的,由基因决定,但性意识的形成不是天生的,知道自己是男是女,也称为辨别自己的性别归属。这是后天习得的。

谈性意识的培养不能离开男孩的性别属性,男孩从父母、家人、小伙伴的服饰、外貌、形态、声音、语言、行为等方面辨别了自己的性别与女孩的不同。这是性别身份认同的起点。父母传授给男孩性生理卫生知识以及生殖器的相关功能是培养健康性意识的基础条件。

当男孩开始对身体进行自我探索的时候,父母应首先允许孩子充分探索了解自己的身体并根据年龄、认知水平的不同,教授相关性生理卫生知识。

这部分的知识在现代社会可以说都非常容易获取,父母需要帮助孩子筛选优良、正规、科学的性知识资料,可以是书籍、图片,也可以是视频。值得留意的是,不论是自己教授还是借助资源，对性生理知识需要做到符合男孩的年龄阶段、探索阶段、认知水平。

大多数时候，父母往往都低估了孩子的好奇心和求知欲。孩子处于幼年时期，甚至还没学会说话时，我们会自然教他们认识手、脚、眼、眉、鼻、嘴等身体外部器官名称，孩子也很快就学会了，这时候我们并没有担心孩子因认知水平不足而学不会，却会忽略教授和性相关的身体器官名称，比如，屁股、阴茎、肛门等，不论基于什么理由，父母都应该改变观念。

性生理卫生知识是中性的，只要孩子能懂的，愿意学习了解，都应该充分帮助男孩正确认识自己的身体构造，特别是性器官的生理构造。

在男孩的性教育中，性生理卫生知识的教授只是一小部分，而包括对性的理解、体验和态度在内的性意识才是重点。恰恰这一点是父母普遍容易忽视的一部分。

知识是中性的，对性的理解却是主观的，对性的体验更是个体感受，任何人都无法越俎代庖，而对性的态度反映出个人对性的价值判断和取向。

这些价值观直接影响到男孩成年后立足于社会，建立家庭时会成为一个什么样的人。这是考验父母的时候，大多数父母觉得自家的孩子是男孩，在两性关系中不会吃亏，于是对男孩在性方面持宽松放任的态度,也潜移默化地影响了男孩对性的理解,特别是两性关系的理解。大多数出于对自己男性性别的认同,也理所当然地认为男性在性关系上可以更随便,进而形成不负责任的态度。

这个时候,请父母略微思考一下,一个对性不负责任的男孩,会有女孩真心喜欢吗?将来他又如何建立幸福和谐的两性关系、婚姻关系?

父母的眼光如果更长远一点,注意培养男孩学会获得人生幸福的能力,那么就需要摒弃"我家的是男孩,不吃亏"这样的观念,在日常生活中着重培养男孩以下三个关键的性理念:

身体自主权意识。身体自主权意识是作为一个人独立自主的基础,父母对男孩成年后能够独当一面往往又有特别的期待,这份期待如何从内心确立,后面我们将详细讲述。

性平等意识。性平等是一个关乎社会男女平等的话题,社会上不平等的性别现象,不仅仅会针对女性,某些时候也可能会针对男性,同时也因为一些片面的性别观念,直接导致男女两性之间的矛盾。因此,如何培养男孩的性平等意识,也是一个很重要的话题。

尊重意识。性教育中尊重意识的培养是获得和谐两性关系的基础。即使处于现代社会,重男轻女的观念同样比较普

遍。有的父母自认为没有重男轻女,但对男性和女性刻板印象的认知一样存在,也随时影响着孩子的人格成长。在成长过程中,男孩的性理念一定要强调"尊重"意识,后面的章节将详细讲述。

男孩更需要培养身体自主权意识

父母第一次见到"身体自主权意识"这个词，普遍会疑惑，这个意识还需要教育和培养？我们的身体难道不是自己的？我们每天都对自己的身体做主，认为人有"身体自主权意识"是一件理所当然的事情。

然而，当你仔细分析一下社会上各种有关现象和话题的时候，包括日常生活对孩子性教育的方式方法，你会发现并不是这么一回事。

中国传统文化中对"身体自主权"是消极的、依附性的，《孝经·开宗明义》中写到："身体发肤，受之父母，不敢毁伤，孝之始也。"这里提到的"身体发肤，不敢毁伤"，是基于孝道，并不是基于我们应该尊重、爱惜、爱护自己的身体。

在这样的传统文化氛围中，"老子打孩子，天经地义，孩子打老子，天理不容"。父母教育孩子，体罚一下，司空见惯，只要不过分，不构成虐待，没有谁会觉得不妥，也不会提出异议。我们心安理得地认为这么做可以被接受，其深

层逻辑就是,父母生你、养你,就有这个权利处置你,包括体罚你的身体。

在日常生活中,父母在孩子未成年之前习惯帮他决定如何处理事情。当父母和孩子有不同意见时,因为孩子年龄尚小,所以大人习惯对孩子的事做主,这其中就包括支配孩子的身体行为。比如,日常看到自家四五岁男孩粉嘟嘟的小脸,忍不住就亲上一口,来表达喜爱之情。这个时候,家长没有先征求孩子同意的习惯,所谓"有样学样",孩子学到的就是,喜欢一个人亲上一口,不算啥,哪里还需要事先征求对方同意。

网络曾曝光一个幼儿园家长群,就因为一个男孩连续亲了几口女孩的事件,双方家长在群里吵架,炸开了锅并被其他家长截屏传上网络投票评理,男孩母亲认为女孩被四五岁的小男孩亲几口不算啥事情,女孩母亲却反驳说:"你家是女娃试试?"并认为男孩是在耍流氓。

在这个案例中,男孩、女孩家长截然不同的态度,背后其实反映的是家长对待男女在性教育方面的不同观点。

男孩母亲在事件对方当事人的母亲提出异议之后,仍认为孩子的行为没有不妥,宽松放任的态度默许了男孩性的攻击性。女孩母亲直接给对方当事人男孩贴标签"耍流氓"同样不妥,也给女孩传递了性的羞耻感。

家长处理这件事情的态度都偏离了要培养孩子身体自主权意识的道路。

对男孩和女孩进行性教育的目的是培养孩子健康的性理念，建立并维持健康的人际关系。想要达到这个目的，首先我们就需要教育孩子如何正确看待身体自主权。那么，培养孩子身体自主权应该包含什么内容？

身体自主权是指在个人意志自由的情况下，自己可以独立判断，拥有对自己身体行为处分的决定权，在性的范畴中，可以解释为所有和性相关行为的决定权都属于个体自己，他人无权以任何形式强行要求。

身体自主权意识就是上述权利在自己内心存在并确信的一种状态。

养育男孩，在性教育方面，父母自然有宽松心态是人之常情，在保留我们宽松心态的同时，纠正回避态度，培养男孩身体自主权意识，应该重点包括以下三个方面：

首先，当人内心确信身体是属于我们自己的，我们拥有对自己身体行为做出决定的权利时，会对他人触碰自己的身体有感觉、有意识，之后才会派生出尊重的概念，希望他人触碰自己的身体时尊重我们自己的意志。与此同时，也体悟到当我们想触碰对方身体时，应该先尊重对方的意见。这是身体自主权意识包含的尊重概念。

其次，身体自主权意识中还包含责任意识。当我们拥有对自己的身体行为做出决定的权利时，就会明白一定的行为会造成一定的后果并意识到自己身体行为会产生的后果，就能明白应该承担相应的责任。这是一个逻辑闭环。

最后，身体自主权意识还意味着我们的身体是受保护的，不受侵犯的。当有人侵犯我们的身体时，可以寻求保护，包括成人、社会、法律等各方面的保护。

当父母明白培养男孩的身体自主权意识应该包括上述内容的时候，可以尝试从以下三方面着手：

第一，帮助男孩充分了解自己的身体，只有从接纳并爱惜自己的身体，才会孕育出身体自主权意识。了解身体结构、了解性生理卫生方面的知识，是帮助男孩了解自己的一个途径，同时，家长也需要帮助孩子了解女性的身体结构，并注意不要使用带有负面的、消极的语言来解读男孩、女孩的性器官和性特征。我们需要让男孩接纳自己的身体并尊重彼此的身体。学会尊重，才是培养男孩身体自主权意识的重要内容。

第二，身体自主权意识的建立不是一蹴而就的，而是有一个从朦胧意识到清晰意识的认知过程。父母可以从尊重孩子自我意识开始，即使孩子处于幼小年纪，身体自主权意识也需要启蒙。比如，我们日常看到孩子可爱，会常常强吻，包括父母强吻自己的孩子。当我们意识到应该培养孩子的身体自主权意识时，应该马上停下强吻孩子的举动，在你想亲吻孩子之前，应征得孩子的同意，尊重他幼小的身体自主权意识。这样，一颗小小的种子就种下了。

一个事件，即使是生活中很小的一件事，一旦涉及孩子自己的身体、喜好方面的事情，父母首先应该尊重孩子，征询他的意见，赋予和他年龄认知相匹配的自主权，并尽力呵护这种成长氛围，孩子的身体自主权意识才会发芽，并茁壮成长。

第三，错过小时候的启蒙，也可以通过不断学习，帮助孩子建立自己的身体自主权意识。通过法治的学习，我们可以明白，天赋人权。《中华人民共和国宪法》第二章规定了公民的基本权利和义务，国家尊重和保障人权。法律保护我们公民人身自由，身体健康不受侵害的权利。这些都是启发孩子建立属于自己身体自主权意识的基础。通过性知识的学习，我们可以明白男女身体存在不同，但不存在贵贱，基本知识的掌握让我们更加理性看待自己的身体。

在这里需要提醒家长一句，家长首先要反省自己有没有身体自主权意识，因为你无法教授孩子连你自己都没有的意识。通过和孩子共同学习，一起成长，即使错过早期启蒙，当下及时把身体自主权意识的种子补种上，再经过日常维护，身体自主权意识同样会在孩子内心的沃土中发芽成长。

这个时候我们再回到之前幼儿园发生的案例，该如何做呢？

培养男孩身体自主权意识的做法是：首先，询问孩子为什么亲女孩？是表达喜欢还是单纯模仿？得到孩子的答复后，再根据情况向孩子解释。假如孩子是因为喜欢女孩，要告诉孩子在亲女孩之前要先问问对方的意见，得到对方同意后再亲，这是尊重！如果孩子是因为单纯模仿，更要告诉孩子，不可以这样随便触碰别人的身体，因为每个人对自己的身体都有自主权，我们要尊重别人的身体自主权，同样也可以要求别人来尊重我们自己的身体自主权。

而女孩家长的正确做法是：首先询问孩子对男孩亲自己的态度，是愿意还是不愿意？如果孩子愿意，家长应该尽量尊重孩子，假如家长认为这样表达喜欢的方式不妥，解释原因给孩子听，让孩子接受其他表达喜欢的方式，并告诉孩子喜欢的方式都有哪些。假如孩子不愿意，告诉孩子要马上向对方说"不"，勇敢地拒绝！让孩子明白我们每个人都有身体自主权！

用纪伯伦的一首诗和大家共勉，里面洋溢着身体自主权意识的内涵。

你的儿女其实不是你的儿女。

他们是生命对于自身渴望而诞生的孩子。

他们借助你来到这世界，却非因你而来。

他们在你身旁,却并不属于你。

你可以给予他们的是你的爱,却不是你的想法,

因为他们有自己的思想。

你可以庇护的是他们的身体,却不是他们的灵魂;

因为他们的灵魂属于明天,属于你做梦也无法到达的明天。

你可以拼尽全力,变得像他们一样,

却不要让他们变得和你一样;

因为生命不会后退,也不在过去停留。

培养孩子"身体自主权意识",首先需要启蒙的是我们自己,因为我们无法教授孩子自己所没有的意识。

因为是男孩，更要补上这一课

男性角度的性平等意识

性平等是一个社会热点话题，大多时候，我们强调男女平等，针对的是社会男女不平等和性歧视现象。我们惯常的思维会认为这种不平等和歧视主要是针对女性的不平等、性歧视现象，所以更应该对女孩加强这方面的意识教育。

但这是男人、女人共同的社会，和谐的性平等社会更需要男女共同努力。即使社会上确实更多地存在对女性的不平等、性歧视现象，我们为性平等所做出的努力不能只停留在针对女性所做的工作上，更需要加强男性的平等意识，只有男女共同努力，和谐性平等才能更早实现。

在家庭性教育领域，性平等意识的种子就在家庭中。父母平时在家中体现出的性别意识像影子一样照在孩子的心上。

假如我们把注意力过多地放在针对女孩性平等意识教育上，反倒会激化性别矛盾，而且也容易忽视对男性的一些性别歧视现象。性平等意识是男孩、女孩性教育都应该关注的性意识关键点，只不过需要父母区分男孩、女孩的不同特点和情况。虽然教育的侧重点有所不同，但其核心本质是一样的。

生活中，我们平时在家中对待男孩，期望他达到我们预期的行为时，会不会脱口而出指责"你是个男子汉，怎么像个女孩子一样喜欢哭哭啼啼？"或者对男孩的胆怯表现出一脸鄙视。

再审视一下自己的家庭，家里的男人极少做家务，是否总是母亲或者奶奶等女性角色承担日常绝大部分的家务并认为是理所当然？夫妻吵架是否也会脱口而出"你身为男人怎么怎么样""有你这样做女人的吗？"等类似的话，用心中理所当然的想法攻击对方？

男孩没有达到父母心中所要求的所谓"坚强，不要哭泣"等要求，孩子的情绪也没有被家长看到，从小没有得到合适的途径宣泄，逐渐使大多男性倾向压抑情感，使负面情绪倾向转换为攻击性语言或者暴力，这也是对男性性别歧视的一种侧面反映。

培养孩子性平等意识，首先需要父母反省自身对性别认知的偏见，改正自己对待性别歧视的语言和行为，正视现实中存在的性别歧视的客观情况。这样，我们在培养男孩性教育中，强调性平等意识教育才有意义，才会有效果。

性平等意识教育包括性别身体平等意识、性别权利平等意识、性爱平等意识三个方面。

作为父母,在养育男孩的过程中,性平等意识的侧重点又有哪些方面呢?

第一,性别身体平等意识。男女身体客观上是不一样的,特别是性器官、性特征方面有着巨大差异,但这只是不同,没有高低贵贱之分,都是平等的。

小时候,男孩和女孩玩游戏,有时候会比赛尿尿,这个时候女孩对男孩有"小鸡鸡"这件事往往很羡慕,殊不知这小小的羡慕心理可能会让女孩不知不觉地认为,男性身体比女性身体具有优越感。于是,我们常常见到年幼的孩子在游戏或者吵架的时候,男孩因性别和身体的优越感而出现语言、行为的强势,对女孩也就没有了包容和尊重。假如这种身体优越感进一步恶化发展,会强化男孩在性方面的攻击性。

最初教孩子认识身体的时候,父母需要反省自己看待男女身体特别是性器官方面的偏见认知。比如,教孩子认识身体时,在孩子面前显露对男孩阴茎和女孩阴唇的不同态度和神情,或者认为女孩来月经是不洁的,是很麻烦的事情。当父母心里这样认为的时候,自然会影响到孩子看待男女性器官的认知。对于男孩和女孩,我们都需要强调,虽然男女身体构造不同,但是男女是平等的,没有哪个比哪个更加优越、更加高级。

在家庭中,母亲更需要反省自己,若母亲带有偏见认知，教育男孩在看待男女性别身体平等意识方面更容易让孩子产生身为男孩的优越感。

当孩子开始探索男女性别区别的时候，父母应尽可能理性科学地解释男女身体的不同部位。如告诉孩子，男性有阴茎，女性有阴唇；男性有睾丸，女性有卵巢；男性有精子，女性有卵子……如果用日常俗语代替，尽量选择不带歧视性的俗语称呼。

解释男孩的疑惑，帮助他识别自己身体和女孩的不同，告诉孩子，无论男孩女孩都是一样珍贵的，都是父母的宝贝，用理性之爱的方式唤醒孩子内心性平等意识的第一缕阳光。

第二，性别权利平等意识。性别权利平等是指尊重个人的意愿、爱好和选择，赋予男女平等的机会。这里并不是说结果平等，因为机会的平等不一定导致结果平等。

比如，报名参加某些社团组织的机器人比赛，我们需要关注的是报名资格和评分标准的设置，有没有给男孩女孩相同的机会，而不必纠结比赛结果是男孩得奖还是女孩得奖；给男孩报名兴趣班的时候，假如男孩喜欢唱歌跳舞，父母反对还是支持？有没有尊重孩子的意愿、兴趣、爱好？有没有给孩子自己尝试、选择的自主权利？

我们需要在养育男孩的过程中，消除对男孩性别的刻板印象，尊重男孩个体的差异，允许他自己做出选择，并让他知晓选择的结果。给男孩选择的权利，允许他们调皮、捣蛋、淘气，也允许他们文静、温柔、内敛，而不是带着对男孩的刻板印象，当他有怯懦表现时，脱口而出"你是男孩子，怎么像个女孩一样！"用对男孩和女孩的刻板印象来要求他们，就是对男孩和女孩共同的性别歧视。

男女身体特性不同是客观事实，在不同的环境中，有时是男性身体条件体现出优势，有时是女性身体条件体现出优势。在性别权利平等意识的引导上，我们需要教会孩子在关注一件事情时，应该根据客观条件赋予男女平等的机会，不必纠结结果是否平等。培养孩子根据自己的兴趣、爱好自由做出选择，才是性别权利平等意识。

给孩子选择的权利，并让他们承担自己选择的结果，他们才能从内心产生力量，认清在不同环境下自己作为男性或者女性的优势，能够更加全面地看待男女性别的差异，学习包容和尊重，也更容易习得同理心。具有这样性别权利平等意识的男孩会更加趋向男女合作，而不是男女对立。

第三，关于性爱平等意识。性爱平等是指对人正常性欲望的接纳和尊重。

父母们或许很疑惑，性爱是成年人的事情，怎么对孩子培养性爱平等意识？

第二章　应该向男孩传递什么性理念

我们先把疑惑放一边，先思考一下男女成年世界的性爱是否有歧视现象？或者这样问，我们作为人的正常性欲是否得到了接纳和尊重？这个接纳和尊重的对象包括男人和女人。

我们的社会常常片面地，甚至极端地看待性的欲望。一方面男性对性欲放纵、强求，如壮阳市场的异常火爆；另一方面，女性又常常压抑自己的性欲望，包括正常的欲望。

存在更多的是社会群体对性欲望的异化，男性自我放纵，女性自我压抑，男女都没有正常地、平等地看待和接受人的正常性欲，从而导致许多男性和女性都存在不同程度的心理障碍或疾病，进而引发许多婚姻不和谐，性压抑或者转移。

性爱平等意识是男女婚姻幸福的基石，基于这样的理念，我们该如何正确唤醒男孩的性爱平等意识呢？

父母们要明白，性爱平等就是男女首先对自己个体正常欲望的接纳并尊重自己和对方的意愿。人的欲望是分阶段的，性爱的欲望不是从出生就有的，但对身体愉悦的探索确实从出生就开始了，幼童（0～6岁）都会无师自通地通过抚摸性器官感受愉悦，甚至有报道称四维彩超拍到过胎儿在子宫里就会抚摸性器官。

当孩子特别是男孩自发探索自己身体的时候（0～6

岁），父母只要给予足够的空间和尊重，就自然会体验到身体的性愉悦。至于涉及卫生、隐私、自慰礼仪等问题，那是另外一回事，后面的章节我们会谈到。

男孩在6～10岁的童年时期，会玩性游戏，家长要允许他们自己体验，帮助他们接纳自己的性感觉，并建立尊重的规则，至于性游戏该注意哪些方面，我们也将会在以后的章节详细谈到。

等男孩到了青春期，性特征蓬勃发育的时候，继续引导他们爱惜自己的身体，尊重女性，做好底线教育。至于其他，就交给孩子自己吧，毕竟性意识中关于性体验部分是个人的感受，任何人都无法越俎代庖。

随着社会发展进步，性平等意识也越来越深入人心了，但性别不平等仍然存在，男孩也终将走入男女越来越平等的社会。家长们在养育男孩的时候，都可以为男孩的心田种上性平等意识的种子，纠正自己偏颇的言行。为这片土壤浇水施肥，实际上就是为了男孩获得幸福健康的人生添砖加瓦。

第二章 应该向男孩传递什么性理念

男孩性意识培养中,尊重为何如此重要

在有关女孩性意识的培养中,我强调了"勇气",对男孩而言,我想强调的是尊重。这里并不是说,尊重对于女孩而言不重要,勇气对于男孩而言无须强调。尊重和勇气,对于男孩、女孩来说都重要。

之所以在男孩性教育中,要特别强调尊重的重要性,是基于我们社会中性别敏感的客观现实,是因为社会中男女性别相处的天平已经发生了倾斜,需要我们用强调的力量进行调整。

社会上,在每个关于女孩遭受性侵的案例中,相对应有一个男性性侵加害者,这样的案件无疑会加大男女性别之间的矛盾。

家庭中,假如女性在情感、经济上处于被控制或者被剥削的地位,相对地就会有一个男性的控制者或剥削者,这种情况既持续增加了男女性别之间的矛盾,也增加了双方的痛苦。

因为是男孩，更要补上这一课

正视客观现实，为了孩子健康的人际关系的发育和发展，为了男孩幸福健康的人生，在家庭性教育中，我们需要强调培养男孩尊重自己和尊重女性的意识。

在两性关系中，男孩尊重自己和尊重女性的意识应从哪里开始培养？这需要回到日常家庭生活中。

日常生活中，大多数家长会教育孩子尊重父母，尊重长者，有礼貌，会教给孩子在不同场合的礼节，比如，吃饭的礼节，应培养孩子有尊重场合的意识。唯独在性领域家长往往容易忽略孩子的尊重意识。比如，日常生活中接触彼此的身体，触碰身体的隐私部位。有的父母完全没有意识到需要跟孩子强调尊重意识。即使有时父母意识到了，也会选择忽略或回避，羞于纠正。

前面的章节中，我们讲过，当想要亲吻孩子时，如果家长有意识想要培养孩子身体自主权意识，就需要先征求孩子的意见之后，再亲吻表示喜爱之情。这也是培养尊重性意识的方式。

假如五六岁的小男孩特别黏人，喜欢抚摸母亲乳房，母亲已经意识到不合适，应该拒绝孩子。很多母亲会选择用呵斥、打骂、直接躲开等方式来达到不让小男孩继续这种行为的目的，但是，呵斥、打骂、躲避等方式只能让孩子因为恐惧而停止抚摸的行为，却给孩子留下了性意识成长的隐患。

孩子或许停止了行为，但还会疑惑为什么不可以抚摸妈妈乳房？受到责骂，会为自己的行为感到羞愧和内疚，有关性的负面的、消极的影响就留在孩子幼小的心灵里，影响到对性的认知。假如不断积累对性负面消极的认知，男孩会在成长中出现问题，父母都还不知道原因在哪里。

如果母亲有觉察，想培养孩子尊重的性意识，又该如何做？

男孩在心底成长出"尊重"的性意识，源于我前面所讲的"身体自主权"。在个人意志自由的情况下，自己可以独立判断，拥有对自己身体行为处分的决定权，在性的范畴中，可以解释为所有和性相关行为的决定权都是个体自己，他人无权以任何形式强行要求。

对自己身体行为的决定权，这不是一个所有权的概念，而是一个选择权的概念。

母亲拒绝小男孩抚摸乳房的要求后，可以尝试用这样一段话向孩子解释："我们的身体是属于我们自己的，你的抚摸让妈妈觉得不舒服，妈妈爱你，但希望你尊重妈妈的感受，不要这样触碰妈妈的这个位置，如果你愿意，妈妈希望我们可以用拥抱的方式来表达喜欢。"

不论用什么语言，这里需要父母能够抓住表达的三个核心要点：（1）要清楚表达身体属于自己，触碰身体的隐私部位应该得到对方同意，假如孩子不懂得身体隐私部位的知识，应该补上；（2）要清楚表达自己对孩子做出行为的感受，同时，还需要澄清，妈妈不喜欢这样的行为，但仍旧是爱孩子的（这个核心要点主要是让孩子消除以为被妈妈拒绝就是不爱自己的想法）；（3）和孩子建议换一种方式来表达孩子的感情和想法。

了解并理解是尊重的基础，男孩有了这样的认知，成年后才更有可能拥有和谐健康的两性关系。

养育男孩，培养尊重的性意识，除让男孩了解自己身体的性生理卫生知识外，还需要让他了解女孩身体的性生理卫生知识；既让男孩了解自己在性成长方面的困扰，也应该让他了解女孩在成长过程中遇到的有关性的困扰。

养育男孩，培养尊重的性意识，需要家庭生活中父母的熏陶，需要父母以身作则的行为示范，需要父母尊重男孩的身体自主权意识，尊重男孩对接触身体行为的意愿，培养男孩身体自主权意识的同时，也培养尊重的性意识，二者相辅相成。

只有在成长过程中逐步建立尊重的性意识，当作为成年男性面对个体的身体时，男孩才能做到尊重自己。比如，在不影响自己身体的情况下，可以选择在私密空间通过自慰获得愉悦，这样对待自己身体的行为是个人的一个选择，就是尊重了自己。

当男性身体行为中涉及对方身体时，能做到尊重对方。比如，为表达对心仪对象的爱，拥抱、亲吻甚至发生性行为，都需要尊重对方的意愿，得到对方的同意。

尊重是男孩获得和谐两性关系的不二法门。

男孩心底尊重的性意识仅仅靠"言传"是远远不够的，更需要我们在点滴生活中进行"身教"。

生活中接纳、理解、引导的语言，父母互相相处的模式，和孩子相处的示范行为的影响是无形的、潜移默化的。这些都需要父母时时反省，因为日常家庭生活才是性教育的主战场。

第三章
沟通性话题的技巧和原则

章|节|寄|语:

　　觉察内心的不安,放下脸面的尴尬,性话题原本就是自然的话题。"食色性也",顺应自然成长规律,以尊重和信任为核心,和孩子聊聊吧!

尊重的意识
只有在被尊重中才能培养出来

父母带孩子参加了家长群、同学群、朋友群等群聚会后，回来总会感慨，谁家的娃有礼貌，尊重长辈，乐于助人，等等。并羡慕地称这样的孩子为"别人家的娃"，其实这就是父母眼中"期待的娃"。父母期待孩子成为一个懂得尊重他人的孩子，那什么是尊重？

尊重是一种价值观，内化到人格，代表一个人的修养，是看待自己和对待他人的一种平等方式。

在男孩性教育中，我强调了"尊重"的重要性。父母在羡慕"别人家娃"的时候，也懂得"尊重"的重要性，那么孩子怎样才能习得我们期待中的尊重？

懂得尊重自己和他人的品质不是天生的，是孩子后天在生活中习得的，而孩子能够习得尊重的品质，需要尊重的土壤。那么，作为父母，面对日渐成长的孩子，在性教育问题上，我们需要哪些尊重的土壤呢？

首先，要尊重孩子的自然成长规律，不需要超前，也不能滞后。

年龄是区分孩子性成长的一个主要标志，身体性发育在青春期启蒙阶段之前有看得见的部分，也有看不见的部分。不同年龄阶段的儿童，因心理发育特征的不同，对性的探索会有不同的行为方式，所以我们要尊重事物发展的自然规律。特别要注意的是，儿童对性的探索行为和成年人对性的理解有着巨大差异。比如，儿童会有当众摩擦性器官等行为，甚至玩某些性游戏，父母看见后第一反应常常是阻止，因为父母往往把儿童抚摸性器官当成了成年人心目中的性自慰行为。其实，儿童抚摸性器官并不是成人世界所理解的性行为，而是包括我们自己在内的每个人在成长过程中，或多或少都会有过对自己身体的自然探索行为。比如，儿童经常会说要和妈妈结婚，或者要嫁给谁做老婆等，甚至孩子之间会有一些亲昵行为。这些行为需要用儿童心理视角去解读，而不是以成年人的认知和看法去评判。

只有理解并尊重儿童成长过程中的阶段性行为特征，才能有助于父母找到合适的方式对孩子进行引导。

其次，尊重孩子的差异性是我们对孩子开展性教育时要注意的另一个重要因素。

每个孩子的生长发育有共性的特征，也有个体差异特征。即便是同一年龄的孩子，也会由于身体状况、心理状

态、家庭养育环境等方面的不同而导致孩子之间有着不同的个性特点。这就需要家长多点耐心并细心分辨孩子的问题和行为，弄清楚孩子的疑问点、好奇点是什么。

孩子生活在社会中，有时会在不同的文化背景中切换，父母对不同社会、不同文化背景中对性认知的包容和接受，要掌握在保护孩子不受伤害的前提之上。除此之外的其他情形，做到包容和尊重是最重要的底线。

最后，对孩子进行性教育的过程中，尊重我们自己也非常重要。

尊重我们自己的第一认识，就是允许我们自己犯错。作为普通的父母，不是育儿专家，更不是性问题专家，对孩子的性问题有解答的义务，但请允许我们自己犯错。这里说的犯错，包括错过对孩子进行性教育的最佳时间段，对孩子某些性问题的错误回答，对孩子进行性教育的错误方式，等等。

但是，请记住：犯错是学习的好机会。在和孩子谈论性这个话题时，让我们把犯错误当作学习的好机会。如果我们曾经因为尴尬、搪塞、回避了孩子的问题，因为认知上的不足，错过了教育孩子的最佳时机，那就让我们先诚恳地向孩子道歉，让孩子知道父母既有认知上的进步，又有改正错误的勇气。或许，正是父母这种后知后觉、改正错误的勇气和行为能够对孩子的成长起到意想不到的良好效果。

尊重我们自己的第二认识，就是允许我们自己也不知道答案。常常听到父母们在感慨，现在的孩子比我们以前要聪明，懂的东西比我们多得太多了。是的，孩子一代比一代思维活跃，这是时代的进步。通常，父母因为年龄和阅历的优势，比孩子在性认识上懂得多一些，但孩子的问题，我们不一定都懂，不一定都知道答案。回答不上来并不可耻，我们可以试着和孩子讨论，给自己和孩子一个一起学习的机会。

对不知道答案的问题，坦然承认自己不懂，比用敷衍、掩盖、推脱要好得多。当你坦诚地告诉孩子你也不懂的时候，其实也在传递给孩子一种价值观，人没有完美的，父母也不是万能的。接受我们的不完美，坦然和孩子讨论可以尝试通过哪些途径来寻找答案，和孩子一起积极寻找答案，相信同样会对孩子的成长起到良好的作用。

尊重我们自己的第三个认识，就是以身作则。性知识可以通过口头、书本、视频等各种方式学习，但有关性的理念，比如，教授孩子性别平等的理念，父母在生活中彼此对待互相的方式和行为就胜过在孩子面前重复枯燥的说教。语言和行为相比，孩子对父母的行为更加敏感。父母说一套做一套，小一点的孩子可能会无所适从，大一点的孩子会在内心小瞧父母，甚至会直接模仿父母的行为。

尊重我们自己的第四个认识，就是传递性本身的快乐和幸福。当今社会中，负面的性信息太多，性暴力事件也给家

长带来很多焦虑,以致家长不敢言谈性美好的一面。对于男孩而言,在父母希望孩子健康成长的初心下,对性的理解和求知往往存在不同程度的压抑和惶恐。事实上,爱情、性、生育紧密相连,父母接受性美好的一面,适时向孩子传递有关性方面的积极的词汇和信息,对孩子成年后拥有幸福的家庭生活是很有好处的。

家庭日常生活随处是可教时机

孩子成长是一个漫长的过程，不是一朝一夕就可以长大成人的。性教育是生命教育，是持续到成年的教育，同样不是靠专门的一堂课、一场谈话就可以完成的。

家庭、父母是孩子生命的起点，不论父母是否有意识给孩子做性教育的启蒙，性教育的起点自然而然地也就从家庭开始了。

如果我们意识到，父母应不失时机地传递给孩子正确的性知识，能更有利于孩子的健康幸福，那么在日常生活中，随时都有可教时机。

对幼童而言，洗浴时间是认识身体的好时机。3岁左右的宝宝已经完全了解自己是男孩还是女孩，也知道家庭成员的性别。除性别认知外，1~4岁是孩子好奇心最浓厚的时期，宝宝的求知欲非常强烈，洗浴时间是一个教孩子认识身体包括性器官的好时机。在教给孩子正确的性器官称呼的同时，也要告诉孩子这些是隐私部位，不可以随便让人看到，特别是不能在公共场所随意暴露，只有父亲母亲（包括信任的抚

养人）给宝宝清洗的时候可以看。

在父母帮孩子洗澡的时候，请记得要关上门并告诉孩子，洗澡是私人的事情。父母通过语言和行为，帮助孩子逐步建立洗澡是属于个人隐私的观念，伴随孩子逐步长大，直到孩子可以单独洗澡。对于男孩，父母在帮其清洗身体的时候，重点还需要告诉孩子应该如何保护好自己的性器官，避免出现意外损伤的情形。

当然，在这个过程中，父母也要逐步告诉孩子，男孩女孩身体上的一些区别，从小教育男孩要懂得尊重女孩，初步树立男孩女孩之间的身体边界概念。

当孩子提出有关性问题的时候，是一个好的时机。孩子的性意识有着自然的发展规律，6岁左右是一个小小的分水岭，孩子探究自己的身体，好奇自己从哪里来。幼儿时期，回答孩子的提问应掌握这样一个原则：有问有答，不问不答；有问才答，有问必答。

父母不需要主动告诉孩子关于性的问题，当孩子问的时候（孩子可能是直接提问，也可能是行为探究，需要父母留意），父母就要以诚恳的科学态度来回应孩子的问题，满足孩子的求知欲和好奇心。三四岁的孩子和六七岁的孩子同样在问自己从哪里来这个问题时，父母可能需要给出不同深度的答案，才能化解孩子的疑惑。

如果我们觉得难以掌握尺度的时候，可以尝试用"你来我往"打太极的方式和孩子聊这一话题。当孩子提出一个有关性的问题，我们先不着急回答，而是把问题抛给孩子，让孩子先说出自己的理解，孩子说的正确，我们给予肯定，孩子说的不正确，我们再根据孩子的理解，回答或者纠正，最后再和他确认是否弄明白了。只要孩子不再追问，就不用继续详细讲解。随着孩子年龄的增长、探知欲的增强，父母可以再逐步深入回答。

举个例子，5岁的小明跑过来问妈妈："小姨肚子里的宝宝从哪里来的？"

妈妈先不回答，打个太极，把问题抛回去："你觉得是从哪里来的？"

小明说："小强说是巴啦啦小魔仙用棍子一点，小姨肚子里就有了宝宝。"

妈妈继续问："那你是怎么认为的？"

小明回答："小强说的不对，宝宝是小姨肚子里长出来的。"

妈妈继续问："我们小明说得有道理。你怎么知道宝宝是从小姨肚子里长出来的呢？"妈妈继续打太极，把问题抛给小明。

小明回答："上次去绘本馆，在绘本里看到的。"

妈妈说:"小明爱学习,下次妈妈和你一起看看这本书,把问题弄清楚,好吗?"然后,小明高兴地跑开继续玩去了。

在正面回答问题前,把问题抛回去的目的是要先弄清楚孩子的疑问从哪里来,孩子对这个问题的答案有怎样的理解,再逐步深入答疑。因为孩子对性的好奇是随着身体发育逐步发展起来的,父母对性问题的解答需要符合孩子的年龄、认知水平。

利用好亲子时光,一起探寻身体的秘密。孩子探索生命的好奇心和求知欲随着年龄增长而增强。亲子阅读是一个可以利用的好时机,但父母应该留意的是,需要根据年龄阶段、认知水平来选择相匹配的性教育读本或者动画视频。

性知识的传递比较特殊,父母想通过读本或者动画视频等来教孩子认识身体的性发育知识,需要选择适当的科学读本或视频,既不过分提前唤醒孩子对性的强烈兴趣,又能给孩子足够的信任。父母应先把握读本或视频内容,甄别良莠后,再给孩子看或者和孩子一起看。对孩子看完读本或视频后产生的新问题,仍然可以先把问题抛回去,使用"你来我往"打太极的方式来解答孩子的疑问。

主动"尬聊",创造可聊的好时机。年幼的孩子提出性问题时,家长一句搪塞、不耐烦的话语,意味着家长可能失去了很好的可教时机。等孩子上小学后,认知和理解能力都大幅度提升并且受同伴和老师的影响越来越大，再也不主动向父母提问了，这个时候家长往往在心底暗暗懊恼不已。

这个时候，即使带着尴尬、难为情，父母也要主动聊起性话题，创造出可聊的时机。"亡羊而补牢，未为迟也"。

当父母决定主动聊起性话题的时候，需要事前做好准备工作，找到孩子感兴趣的点，比如对孩子所喜欢明星的装扮或者新闻，做好准备工作，先要引起孩子的兴趣，才能慢慢打开话匣子。这个时候，"你来我往"打太极的聊天方式同样适用。既然是主动聊起话题，那么顺应孩子的感受，尊重孩子的兴趣就是关键，不然就会变成聊天还没开始就已经结束的局面。

日常生活中，只要父母多留心，就可以抓住许多可教时机。有时候可能只因为一句话，你就已经播下一颗种子，传递一个性价值观念。有意识地传递健康的性理念，自然可以做到四两拨千斤。

因为是男孩，更要补上这一课

性话题有利于保持良好的亲子关系

良好的亲子关系不是指一段和谐愉快的相处时光，也不是单方面指父母或孩子的情绪感受。

良好的亲子关系是指父母和孩子保持一种相互信任而不盲从，相互依恋而不依赖，相互尊重而不控制的关系，是在长期互动过程中建立起来的关系。

和孩子聊性话题需要父母和孩子建立良好的亲子关系，反过来也可以通过和孩子聊性话题促进亲子关系的良性发展。这应该是很多父母都懂得和接受的道理，但在现实家庭生活中，往往会出现以下的场景：

年幼的孩子还处在认识身体阶段时，会询问一些身体性器官的名称，父母虽然觉得有点不好意思，一般都还能淡定回答，但随着孩子的长大，对越来越多的性问题开始探寻的时候，父母却总是不知所措，不自觉地用拒绝、呵斥、搪塞、回避的态度，关上了这扇沟通的大门。

于是，大多数父母会有这样一个感性的认识：孩子小时候很黏人，对父母很依恋，每天都有说不完的话、问不完的问题；孩子读小学后，逐渐和父母说话少了，转而和同伴有越来越多的话题；等到了青春期，还可能会出现不和父母说话的情况。父母感觉孩子越来越疏远，亲子关系越来越僵。父母除了有深深的失落感，便是一筹莫展的无奈，更不要说开启性话题了。

怎么办呢？

若没有顺畅的沟通，我们就无法正确引导孩子，也不利于良好亲子关系的建立。其实，孩子因年龄、认知水平、情感发育的不同，对父母的依恋、信任、尊重会有所不同，其行为的表现形式也不一样，这些都是孩子成长过程中的自然规律。作为父母，我们既不能视而不见，也不必惊慌失措。

首先，我们需要了解孩子的行为表现是属于所处年龄阶段的正常反应，还是因为出现特殊情况而导致的异常反应，根据不同内因，修正我们的应对态度，开启良好亲子关系，因势利导，保证在性教育关键节点上不出差错。

学龄前儿童（6岁前），一般对父母（或主要抚养人）都是非常依恋、信任、尊重，或者崇拜。

这个时期的亲子关系，依恋是核心。

在孩子幼小的心里，父母是无所不能的，即使父母偶尔凶巴巴地对自己，孩子也会很快忘记，不一会儿就会屁颠屁颠黏过来。这个时期，孩子在性方面的探索是自发的，最初萌发的疑惑也大多数会向父母请教，父母只需要多点耐心，细心倾听孩子的问题，解开孩子的疑惑，就可以完全赢得孩子的信任。若遇到一些觉得私密尴尬的性问题，在回答孩子后，父母可以和孩子约定"这是我们之间的小秘密，不要告诉别人"。这样既可以避免孩子的童言童语在公共场合带来尴尬；又可以初步建立孩子的隐私概念；孩子和父母有一个共同的小秘密，通过这个小秘密的连接，孩子自觉地和父母更加亲密。

小学低龄阶段，孩子开始进入学校，接触社会，对父母大多还是依恋的、信任的，但已经少了崇拜的目光，孩子对父母的尊重和父母对孩子的尊重开始趋于同步，即，你越尊重孩子，孩子也越尊重你；反之，亦然。

这个时期的亲子关系，尊重是核心。

在家庭性教育领域，尊重凸显出特别重要的地位。我们首先应该尊重孩子的身体、个人隐私、私人空间，同时，也要求孩子尊重父母的身体隐私、私人空间，而且还要求大家共同尊重彼此在公共空间的隐私。

这个时期，孩子对性的探索，会因父母的态度不同而发生变化，会尝试性、试探性地去询问父母，如果觉察到父母的态度是尴尬的、回避的，不用等父母呵斥，就会马上转移话题，以免受到责骂。

而因这些问题遭受过责骂的孩子，往往会选择在父母面前回避，但他们不会停止对性问题的探索，因为心底的疑惑还没有解开。这个时候，他们会从老师、同伴以及书籍、网络中继续寻找可以解开自己疑惑的答案，这个答案可能是正确的，也可能是错误的。

父母大多数在这个时候，往往会忽略这个问题或者假装不知道，觉得孩子还小，反正身体没发育，有意识的父母或许会买些与认识身体方面有关的书籍放在家里，也仅此而已。

其实，这个阶段孩子的理解能力、认知能力、情感发育，都比幼年时期有了飞跃发展，但青春期的"叛逆"还没开始，这个阶段是父母主动提及性问题的最好时机。他既能理解身体性器官所有的功能，也能理解父母是如何把宝宝生出来的，包括懂得什么是恋爱、结婚等男女亲密关系。这个时期，孩子和父母的关系总体上是亲密的、信任的，父母可以主动提及性话题，一起谈论，帮助孩子获得有关性问题的正确答案，同时，也可以传递我们认可的正确的性价值观，因为这个时期也是加强性道德、性隐私观念的关键时期。

孩子问到、自己又懂的问题，就可以帮助孩子，解开孩子的疑惑；自己不懂的问题，和孩子一起寻找正确的答案。在一起寻找答案的过程中，更好地和孩子建立亲密度和信任感。

因为是男孩，更要补上这一课

小学高年级后，同样的年龄，男孩发育得比女孩相对要晚。小学五六年级开始，当女孩陆陆续续开始进入青春启蒙期时，面对身边女生身体上的一些变化，男孩往往也会伴着一些好奇，而这种好奇会随着自身身体上的发育，变得越来越强烈。

这个时期的亲子关系，信任是核心。

相对而言，对于这个时期男孩的性教育，绝大部分男孩的父母可能感受不到太大的压力。但孩子的发育成长并没有到此为止，孩子的身体还在进一步成熟中，孩子的心智也在迅速地成长中，因此，这个时期，父母需要未雨绸缪，学习了解青春期孩子特有的心理特征，以便从容淡定地应对孩子成长过程中的各种问题。

当孩子出现某些"叛逆"行为时，如爱发脾气，一言不合就摔门而去，等等，我们都应该理性、冷静地对待。

信任是相互的，当父母可以做到信任孩子的时候，孩子才会更自律。

有关青春期男孩性教育的关键问题，我们在后面的章节中将详细讲述。

儿子的性教育，父母一起来

现实生活中，在孩子的教育上，普遍存在父亲缺位的现象，这点我们并不陌生，而在孩子的性教育方面却普遍存在父亲、母亲都缺位的情况。

很多家庭都是母亲承担了教育子女的大部分责任，对于孩子青春期前的性教育方面也是如此。

而当男孩的青春期到来时，必然会有自主、独立的人格发育需求，男性性别意识开始成长，需要和母亲保持身体的距离，与母亲开始疏远。这是一个自然过程。

随着男孩性发育的继续，大多数母亲也会因为女性的角色而自觉回避。这个时候父亲想帮忙，想参与，男孩却往往会因为父亲早年的缺位而拒绝。可见，父亲尽早参与男孩的性教育可以获得良好的亲子关系，可以避免被拒绝的尴尬。

男孩对女性角色的第一印象必然来自母亲，母亲既是男孩认识女性身体性特征的最佳模特，也是孩子认识性别角色的第一任老师。同样，父亲是男孩认识自己，逐步认同自己

是男性的性别角色的第一任老师。

随着男孩的成长，对于培养其身体自主权、性平等、尊重三个关键性意识方面，父亲往往比母亲单方面的教育和沟通更具权威性。

父亲不可缺席，父亲和母亲一起参与孩子的性教育具有非常重要的作用。

那么，父母在参与男孩的性教育方面，有哪些需要注意的方面呢？

认识性，从认识身体开始。男孩需要认识自己，也需要认识异性。对男女身体不同的认识，从男孩第一次接触父亲和母亲，在他们的教导下，区分男女性器官时就已经开始了。

孩子开始探寻自己从哪里来的时候，母亲作为孕育生命的载体，为孩子解答生命的疑惑；父亲作为另一半，不可或缺地进行补充，让孩子更丰富、更完整地理解性之初、生命之源的意义。

在家庭中，从小就让孩子知道在家里可以谈论性，遇到任何性问题的时候都可以向父母求助，对孩子日后健康成长有着非常积极的意义。

幼年时期，父母都可以选择给孩子洗浴或者和孩子一起洗澡，只是需要注意男女性别不同的天然属性。每个家庭对洗澡习惯和彼此身体的暴露有不同的认识和接受程度，对身体包括性器官的认识，可以通过不同形式教授给孩子，没有对错之分。

如果父母有和孩子一起洗澡的习惯，感到在孩子面前裸露身体有点尴尬或者不好意思的时候，母亲就应该避免和男孩一起洗澡了，而父亲也应该适时调整自己在孩子面前的裸露程度，转而以帮助孩子洗澡为主，并逐步过渡到让孩子独立洗澡。

当孩子长到三四岁后，需要逐步告诉孩子男孩和女孩身体上的一些区别，对男孩和女孩之间的身体边界意识进行启蒙。无论父亲还是母亲，在给孩子洗澡或与孩子一起洗澡的时候，对于裸露的身体，父母需要注意不应该随意让第三者看到，并告诉孩子应该如何保护身体的隐私部位等。

比如，关于裸露身体的问题，由于各个家庭的氛围不同，故尺度有所不同。夏天，父亲大多会在家裸露上身。对于男孩来说，不论家庭氛围如何，都应该给孩子划定身体可以裸露的部位和程度，并引导孩子树立尊重他人身体隐私权的意识。

男孩从幼年到青春潜伏期，需要开始建立和人相处的身体边界，需要建立关于性的隐私、道德等底线教育，母亲和父亲更需要一起参与进来，并保持意见、观念上的一致。

父亲一般在家庭中处于比较权威的地位。假如，我们期待男孩在坚毅、强壮、克制、自律等性格方面有较多的历练，父亲的言传身教更能起到作用。同样，男孩也会从父亲对待母亲的方式，学习到如何对待女性，学习到什么是性平等和性尊重。

男孩逐渐成长，对于性的探索会越来越积极主动，比如，观看成人电影时，男孩通常会回避父母。这时父母就有必要对孩子进行引导，毕竟现实生活中的性和成人电影中的性不一样。假如男孩以为现实生活中的性也是如此，就会给其行为带来许多危险因素。观看成人电影，作为"过来人"的父亲对孩子进行正确的引导，就非常具有说服力了，同时，也可以拉近亲子关系。

对于女孩的性教育，我强调过父亲不应缺席。对于男孩的性教育，我们需要再次强调，也请父亲母亲一起努力。

第三章 沟通性话题的技巧和原则

怎么和青春期儿子尬聊性话题

面对儿子青春期发育带来身体上的变化,父母总是又惊又喜,一方面,希望孩子早日成长为顶天立地的男子汉;一方面,又担心孩子学业未成,万一早恋了怎么办。

和青春期的儿子聊有关性的话题,父母多少都会觉得有点难为情。一边无法开口,一边又会感到紧张,暗中观察,看见儿子有和女生交往的迹象,总是担忧多过欢喜。

青春期的性话题,是父母担心而又绕不过的一个话题,而孩子的性成长在这个阶段尤为突出。有关青春期男孩性教育的关键节点在后面的章节会详细讲述。这里我们先从青春期身体、心理特征的角度,来说说怎么和他们沟通性这个话题。

青春期是一个长达10年左右的生长发育期,可以分为青春期启蒙期(10~13岁)、青春期发育期(12~16岁)、青春期成熟期(15~20岁)。

父母对孩子进入青春期最直观的感受是孩子开始长个

儿，喜欢独处，向往自由，叫他一起外出的时候，开始拒绝，大多会选择和同伴外出，或者宁可宅在家里。对父母的掌控、教育表现出抵触和厌烦等。伴随着身高发育而来的是性发育（也称第二性征发育），长胡须、喉结逐步隆起、声带变粗、体毛明显是男孩进入性发育的标志，而夜间遗精则是男孩青春期最具标志性的生理现象。性腺激素急剧发育，但孩子身体发育成熟最晚的部分是掌管理性思维的大脑额叶皮层，现代脑科学显示，人在18～22岁大脑额叶皮层才发育完全。常常有前辈们给青春期孩子父母宽心说，不用太忧心焦虑，孩子的脾气上大学自然就好了。这也正是契合了人的发育规律，因为孩子上大学的年龄正是他大脑发育完全的时候，于是有了生理上的条件来控制自己的情绪。

  根据相关心理学研究，青春期是人由幼稚向成熟过渡的特殊时期，是独立性和依赖性错综复杂、充满矛盾的阶段。他们的自我意识出现第二次发育，反抗心理强烈，情绪表现也处在半幼稚半成熟的状态。他们的心理特点具有这个时期特殊的身心失衡的矛盾，主要有成熟状态和半成熟状态之间的矛盾，心理断乳（独立性）和精神信赖（依赖性）之间的矛盾，心理闭锁性和开放性之间的矛盾，性意识增强（冲动性）和道德要求（自制性）之间的矛盾，成就感和挫败感交替的矛盾，等等。

  这么多矛盾！作为父母，想想青春期的孩子们还真是不容易。所以说，家长们想和他们沟通性话题或者其他问题，应先接纳他们的状态，明白孩子的情绪起落是正常反应。当孩子和父母发生矛盾的时候，他们也伤心、委屈，摔门而去也是因为青春期能量无处释放，并没有"大逆不道"。

只有家长抱着"任他狂风暴雨，我自闲庭漫步"的心态，才能找到与孩子沟通、并让孩子愿意接受家长意见的契机，不然就会变成"你说往东，他偏向西"的状态了。

假如，你和孩子的状态，已经是你说什么他都听不进去，相背而驰，最好的做法就是家长闭嘴。既然家长的说教已经成了孩子行进的反推力。这个时候，只有家长把起反作用的方式停下来，孩子才会慢下来，停下来。

先有接纳，然后才是引导，不然就会起反作用。

另外，还要让孩子感受到尊重。青春期男孩向往独立、自由，在心理上总是认为自己已经长大成人，得到尊重是他们不容置疑的心理要求。

让孩子感受到的是我们的情绪，而不是大道理。网上有句很流行的话："为何懂得那么多道理，仍过不好这一生？"反映的问题就是情绪和道理之间的矛盾关系。

我们需要和处于青春期的孩子沟通，需要注重的是当时孩子的情绪感受。当一个人感受到被尊重的时候，他的心情是愉悦的、平和的、充满信心的。家长们试着想象一下，

因为是男孩，更要补上这一课

正在和你说话的孩子心情状态是愉悦的、平和的、充满信心的，你和他的沟通还会有障碍吗？

现实中，大多数父母把满满关切担忧之情都化成了说教，而说教在青春期孩子眼中就是批评和不信任。感受到批评和不信任的孩子，情绪自然是生气的、烦闷的、讨厌的，表现出的对抗形式有沉默抵触的，有大吼一声的，有摔门而去的，等等。只留下父母一脸愕然，无语叹气。因为面对个子和父母一样高或者比父母还高的孩子，小时候的沟通方式已经不起作用了。

性话题是一个敏感话题，如何让孩子感受到爱和尊重呢？方法有许多，在直接语言沟通的时候，尝试用非暴力沟通的方式是一个不错的选择。

非暴力沟通（Nonviolent Communication，NVC）也被称作"爱的语言"，是美国心理学家马歇尔·卢森堡发现并倡导的一种沟通方式，是借用圣雄甘地所指暴力消退后自然的爱，即"非暴力"。依照这种沟通方式来谈话和倾听，不再粗暴地对待他人以及自己的感受、愿望，重塑我们应对冲突的积极思维方式，可以打开爱和理解，增进人与人之间的联系，使人们乐于互助。

当我们还没习得这项技能的时候，可以尝试使用书信的方式。假如孩子微信还没拉黑你，可以尝试用文字即时沟通的方式。

曾经有一个15岁的女孩对我说："我其实还是很愿意和父母聊聊关于性方面的问题，但当面说实在太尴尬了，用文字就好点，微信文字即时沟通就不会觉得太尴尬。"虽然这是一个女孩说的话，但我想对男孩同样适用，这里分享给家长们。

不论父母是否教授给孩子有关性生理卫生知识，当孩子青春期的时候，他已经懂得了许多性知识。这些性知识来源有老师、同伴、课堂，或许还有玛丽苏小说、色情文学……

父母刚醒悟，鼓起勇气和孩子沟通性话题，可能会被一句"我早知道了"给反驳回去。那么，还需要父母做什么？重视孩子的性道德教育、性安全的底线教育。

孩子逐渐长大，而性心理的成长很重要的一部分是性体验，这是包括父母在内的任何人都无法代替的。这个时候，父母或许已经感到对孩子的想法无能为力，也无法完全掌控孩子的行踪，风险似乎无处不在。

即便如此，我们仍需要让孩子懂得，任何有关性的行为都需要遵守性道德，任何不采取安全措施的性行为都是危险的。不遵守性道德的性行为有可能触犯法律，构成违法犯罪；若不采取安全措施的性行为，可能导致女方怀孕或者染上疾病等，而一旦出现这样的情况，将可能无法完成自己的学业，严重影响自己和他人的人生。

第四章
青春期前应注意的性教育关键节点

章|节|寄|语:

性教育必须顺应孩子成长发育的规律,与孩子的年龄阶段相适应,把握好关键节点。青春期前,父母若能帮助孩子完成相应的发育任务,为孩子青春期发育打好了坚实的基础,"更年期撞上青春期"的压力就会小多了。

因为是男孩，更要补上这一课

幼儿时期是自由探索时期

男孩在0~6岁（学龄前），父母（包括家庭成员）在抚养其成长过程中，即使孩子还没学会说话，我们也已经开始教他认识手、脚、鼻子、眼睛、嘴巴等身体器官名称。比如，一边说"鼻子"，一边还会让他用小手指指向自己的鼻子，触碰一下，其他身体器官也是如此，孩子和父母都乐在其中。

在对身体认知的过程中，父母和孩子的情感交流通常都是非常愉悦的，能够很好地刺激孩子的情感发育，孩子也一步步加深了对自己的认识，包括带着这种愉悦情感对自己身体的接纳。

这些启蒙和教育，父母几乎不用特别学习，唯独在对孩子身体非常重要的性器官的教育方面，不会主动，更不会让孩子自己去接触，甚至在孩子自主探索时，还会阻止。

幼儿时，男孩的生殖器外露，孩子更容易用手触碰。日常，我们会常常见到男宝宝用手拉扯自己的"小鸡鸡"（阴茎），家长见了，一般都会把孩子的手拉开，个别家长还会

第四章 青春期前应注意的性教育关键节点

呵斥孩子。

有的家庭还会拿男孩的生殖器开玩笑，看到孩子在抚摸拉扯生殖器的时候，用手比画个剪刀，对着孩子的生殖器，吓唬他说："再摸，剪掉你的小鸡鸡！"吓得孩子缩回去，成年人反倒不介意地笑起来。殊不知，这将给孩子留下一阵阵恐惧，并且这种恐惧心理又紧密地和性联系在一起。

其实，这个时期，孩子对自己性器官的触碰、抚摸并没有成年人世界里关于性的理解，而是一种人的天性。孩子感受的是触碰、抚摸身体部位的愉悦。在成长的过程中，从吸吮手指、脚趾开始到可以触碰、抚摸、摩擦性器官，感受快乐，是接纳身体、接纳自己的起点。他们并不会因为这样的愉悦而专注、迷恋性器官，因为丰富多彩的世界对他们有着更强烈的吸引力，天生的好奇心也会带着他们去探索其他开心愉悦的事情。

从儿童心理学发展理论方面来看，每个年龄阶段孩子都有相对恒定的发展任务，包括身体发育、认知理解能力、情感发育。性发育健康成长包括上述三个方面的协调发展，需要成年人呵护和教养。幼年（青春期前）时期，父母教养的作用更大一些，换句话说，错误对待儿童性发育的教养方式所带来的影响会更大，而且持续影响孩子后面年龄阶段的发育成长。

青春期前，有两个比较明显的阶段：一个是0～6岁的幼

年时期；一个是7～10岁，又被称为性发育潜伏期。

这两个阶段都有其不同的性发育重点任务，幼年时期，男孩和女孩对性的探索大同小异，但到了潜伏期，男孩对性的探索有着不一样的方式。

3～6岁的男孩常常会吸吮手指、脚趾，还有抚摸拉扯性器官，甚至还会特意蹲下来看撒尿、拉屎，这就是人们常说的"屎尿期"。这些都是对身体的自我探索，绝大多数时候这些行为是自发的，父母都不需要制止，即使假装没看见也无所谓，因为大多数这类自发的探索行为，经过一段时间，孩子都会自觉停止。

对这个时期孩子在身体性方面自发探索的禁止，会适得其反，越禁越为，更容易撩起孩子的好奇心，受好奇心和逆反心理的驱使，把正常探索演变成强迫性摸索，最后会导致孩子即使明知道不对，也仍旧无法停止。这就是在性发育过程中产生的"潘多拉效应"。

"潘多拉效应"来自古希腊神话，宙斯交给一个名叫潘多拉的女孩一个盒子，让她保管，并告诉她绝对不能打开。潘多拉每天看着盒子，越想越好奇，越好奇就越想打开看看。憋了一段时间后，她终于没忍住，把盒子打开了，谁知盒子里装的是人类的全部罪恶，结果罪恶全部跑到人间。心理学中把这种"不禁不为，越禁越为"的现象称为"潘多拉效应"或"禁果效应"。

在孩子性教育的路上，父母需要避免自己的禁止行为对孩子产生"潘多拉效应"。

针对3岁以上的男宝宝，父母需要引导并帮助孩子做好生殖器的生理卫生。对于抚摸生殖器的行为，家长需要教育孩子注意场合，这种教育就如同我们会教孩子去卫生间上厕所，到房间睡觉，在客厅玩耍一样。告诉孩子触碰性器官属于自己的私事，要到相对私密的空间，并要像吃饭前需要洗手一样，触摸自己的性器官前应该先洗手，保持卫生。

如果发现3岁以上孩子的这些行为不是自发的，有刻意频繁模仿的情形，可能造成性器官受损，父母就需要视情况介入处理，但介入处理不是粗暴制止。需要父母细心了解孩子是通过哪种方式习得模仿的，改变孩子可以习得模仿的环境是重点。之后，根据孩子的认知能力，让孩子理解性器官是身体中很娇贵的部分，要像爱护眼睛一样爱护它们，只有接纳孩子的行为，舒缓孩子情绪，才可以让他们逐步停止不当行为。

这个时期，男孩和女孩除了有关性生理卫生方面需要区别对待之外，其他方面并不需要特别区别对待。

人类的性本能遵从快乐原则，就像是有着强大生命动力的河流，河水会自然流淌。如果说0～6岁的幼年期是河水的源头，那么对于源头，我们只需要保护好它原始生态的样子，尽量不去人为干预，顺应自然天性发展就好。

因为是男孩，更要补上这一课

不可忽视的性发育潜伏期

近年来媒体曝光了不少"熊孩子"闯祸事件，比如，上海迪士尼乐园内，一个八岁多的男孩摸了一位年轻女子的臀部。该女子说了男孩几句，男孩母亲发飙和该女子冲突升级，一时，网络舆论引爆热烈讨论。

另外一个"熊孩子"事件，是一个八九岁的男孩，去亲戚家做客，在被家长责骂后，突然间从后面推了一把怀孕七个月的妇女，导致该妇女紧急住院差点小产，原因仅仅是因为家长让男孩小心点，不要碰到该妇女，男孩觉得好奇，加上受到家长责骂而感到生气，于是想推一把试试。

男孩八九岁时正是调皮捣蛋行为集中爆发的时期，一些调皮捣蛋行为又常常和性有关联，许多父母仅从表面上制止了孩子的行为，认为是男孩调皮，加强管教就可以了，没有大问题，过了这个年龄阶段自然就好了。事实上，这些看法都忽视了男孩的性边界教育。

男孩到了八九岁的时候，性充满了强烈的好奇心，加上旺盛的精力，会试着从各个方面去探寻并不断尝试探寻突破

一些规则和底线,在语言、行为上均有表现,也会讲和性有关的脏话或者荤段子,表现为各种所谓"熊孩子"的行为。

这个时候孩子到了性发育的"潜伏期"发展阶段,父母需要看到孩子行为背后指向的有关"性"的困惑并及时解惑引导。

7~10岁(青春期前),又被称为性发育"潜伏期"。这来源于弗洛伊德关于性心理发育的理论,他在《性学三论 爱情心理学》里写道:"精神力量的发展开始抑制儿童的性生活,它就像一道河堤,引导他走向狭窄的河床,这些精神力量包括了厌恶感、羞耻感以及道德和审美上的理想化要求。"

进入"潜伏期",性发育的长河就好像河流的上游,为了水源的流淌、生命的延续,在上游,我们需要开始筑好河堤,不让河水四处泛滥,过早消耗泯没。而性心理、性道德、性审美、性边界这些"精神力量"就是河堤。

这个阶段是"精神力量"成长的一个关键阶段。如果说0~6岁遵从的是快乐原则,需要家长全力呵护幼童本性的发育和成长,那么"潜伏期"就需要全力培养儿童的"精神力量"的发育和成长,遵从教化原则,需要引导和教育,包括厌恶感、羞耻感以及道德和审美上的理想化要求培养。

通俗点讲,这个时期是孩子对性的认识逐步"社会化"

的过程，他们的认知能力、情感发育在这个时期不断发展，这是他们认识和理解性生理知识、性别、两性等性知识的好时机，也是有关性道德、性审美等性心理发育的关键期。

处于"潜伏期"的孩子，在生理上，需要了解基本的性生理卫生知识，包括性器官是否发育正常，男女性器官构造的区别，性护理知识等；在两性关系上，需要了解生育是怎么一回事，懂得家庭成员之间关系相处的边界；在性道德层面，需要懂得尊重他人的身体隐私权，懂得在公共场合不暴露隐私部位，不随便谈论性话题，能够初步控制自己的性冲动，触碰、抚摸自己身体隐私懂得回避他人；在性审美层面，接纳自己的性感觉，开始懂得身体健康之美；在性防卫方面，有保护自己身体隐私的意识，懂得寻求帮助的方法。

现实生活中，许多父母会有意无意忽略孩子"潜伏期"的性发育，打压孩子对性的好奇心，好比父母把夯实"性之河堤"的责任卸下，让学校、老师、同伴、书籍、网络等社会环境充当了"建筑工程师"。至于这"性之河堤"的工程质量如何，父母对照上述"潜伏期"孩子性发育的任务，就应该知道心底是否在打小鼓了。

在成长过程中，男孩的父母更倾向于鼓励孩子大胆探索，这个阶段，因为父母的忽视，对男孩性教育方面也是相对宽松的态度。当男孩对性有疑惑有好奇心时，表现出比女孩更加积极的主动的探索欲望。由于互联网的普及，社会上有关性信息无孔不入，男孩就有了更多的动机和机会接触和接收到有关性信息，加上父母在性教育方面的"留白"，这些良莠不齐、充满感官刺激的性信息带给孩子的影响，也就可想而知了。

所以，父母需要特别留心，应主动加强男孩的有关身体自主权意识、性平等意识、尊重意识、身体边界感的培养，同时，也不可忽视自我保护意识和方法的培养（在后面章节会详细讲到）。

性发育"潜伏期"也是父母把对孩子所缺失的性教育课补上的好时机。"潜伏期"孩子和0~6岁孩子对性的探索行为，即使是同样的行为，父母也需要采取不同的对待方式。

当发现孩子出现比较严重的和性有关联的异常行为，父母处理时需要格外细心慎重，用简单粗暴的方式制止孩子行为，表面上可以让孩子不再有这些行为，看似是纠正了孩子的不良行为，实际上却很可能埋下了性心理方面的隐患或者性障碍的种子。

不管基于什么原因，孩子性心理延迟发育，性意识被提前唤醒，都需要父母特殊关注并及时纠正，不然会严重影响到孩子的健康成长（这个部分后面的章节会详细讲到）。

"潜伏期"性发育任务如果完成良好，等到了青春期

（12岁至成年），河水丰盈（性生理成熟），河堤（性心理、性道德、性审美、性边界）进一步夯实，接受主流社会积极的性价值观，遵守性道德底线，尊重个体性边界，接受个人性审美不同，那孩子走向幸福的人生就又多了一块牢固的基石。

父母对男孩性别认知教育有哪些影响

我曾经在一个家长课堂上问过家长们一个问题:"你们是如何看待男孩做变性手术,由男性变为女性的?"绝大部分的家长表示理解,说这是个人的选择,应该表示尊重。

然后我又问了一个问题:"假如你的儿子想成为一个女孩,你又怎么看?"家长们沉默了,其中大部分人表示无法接受。

这些问题就涉及人的性别认知问题。

男孩和女孩的性别由基因决定,这是他(她)的生物性别,是先天的。

对待男孩和女孩时,家长的动作、语言、神情都会因孩子性别不同而不同,我们会把自己对男孩、女孩的认识和期待,下意识地加载在对待他们的方式中。这种潜移默化的教育方式使孩子逐渐内化自己的性别认知,开始辨别自己是男孩还是女孩,一般到3岁后逐步形成稳定的心理上确认的男女性别认知,这个是心理性别,即孩子自己内心确信的性别。

在养育过程中，不只父母把自己对性别角色的认识和期待传授给孩子，社会对待男性和女性的社会性别角色的不同方式也影响着孩子，父母、家庭、社会都会因为孩子性别不同，对他（她）有行为、品质、性格等方面的不同要求。这些要求逐渐加深了孩子的社会性别角色认同，这个就是社会性别。

当一个人对自己的生物性别、心理性别、社会性别认知出现强烈冲突的时候，反应在个人身上就是心理问题或障碍。

社会主体人群不存在性别障碍问题，但极少数人群属于"上帝把我的性别搞错了"这部分人的性别障碍不关乎养育和道德，目前的研究主流观点，倾向于认为是生物因素占据主要原因。

如果家长们还觉得有些困惑，可以关注一下前几年的"全国道德模范"刘霆在2014年做了变性手术，从男性变为女性并改名为刘婷的事件。

生物原因起主要作用的这部分人，虽然在成年后经过专业治疗，但还是会选择变性手术并乐于适应新的性别。根据有关研究，"大约有十万分之一的男人和十三万分之一的女人是异性癖者，大多是因胎儿期在受孕、荷尔蒙分泌以及可能存在的不确定外界环境的影响导致。"即天生的、自然的、生物性的因素起主要作用，而不是后天教养或者环境因素所致，和父母的养育责任无关。我们应该原谅孩子和自己，坦然接纳、包容就好。

现实生活中，大部分人的性别心理冲突没有这么极端，如有的家庭重男轻女，有些家庭生了男孩后期又盼生一个女孩，但又生了一个男孩，当孩子的生物性别和自己期盼的性别不一致，家长觉得失望是人之常情。

但如果家长这种失望形成一种长期失落并在养育孩子过程中把这样的失落情绪长期发泄在孩子身上，就会给孩子造成比较严重的心理问题或障碍。

在抚养过程中，假如父母带着这种失落情绪，对孩子的表现总是带有一些性别上的歧视、贬低，会不断给孩子一种无形的自我否定暗示，造成偏见性的性别认知。

孩子是敏感的，当父母不接纳自己的性别时，为了得到父母的爱，对自己的性别也会表现出厌恶或者遗憾，羡慕异性性别，进一步发展，可能会从着装、行为、语言上向异性性别靠拢。

不被接纳的情况继续恶化会导致孩子情绪激动夸张，个别可能会发展成比较极端的异装癖或性别认同障碍等心理疾病，这些都会严重影响到孩子以后的人生。

这种内心和现实矛盾都会造成孩子心理上的冲突，偏见性的性别差异认识自然影响到孩子的人际关系，从而加深他们的痛苦。

也就是说，除极少数出现"上帝把我的性别搞错了"的情况外，大多数个体在性别认知冲突方面的心理问题，其实是有父母在抚养过程中留下的痕迹的。

我们或许还没有能力去改变家庭以外的原因，但在抚养男孩的过程中，改变对性别认知的偏见，从内心深处去接纳孩子的性别帮助他们接纳并爱上自己的性别，是父母可以做到的事。

另外一种情况父母更应当禁止，就是直接长期性别错位地抚养孩子，把男孩当作女孩、女孩当作男孩养。0～3岁是孩子认知性别的关键时期，如果父母对孩子进行性别错位抚养，会造成孩子内心深处的困惑。父母长期的错位回应，相当于在给孩子不断地做身体动作、神情的异性训练，即使孩子长大后知道自己的真实生物性别，潜意识里仍然会不认同，在行为、动作、神情上的表现，与正常同龄同性别的孩子会有较大差异。当孩子需要和外界同龄人交流接触的时候，会越来越受到歧视和排斥，进一步扩大心理困惑。

性别认同障碍在《精神障碍诊断与统计手册（DSM-5）》中正式的名称是性别烦躁，主要包括儿童性别烦躁、青少年和成人性别烦躁等，主要表现在第一个心理体验的性别与自己实际的生理性别不一致方面，也就是说，自己生物性别是男性或者女性，但内心体验是相反的，而且强烈想成为与自己生物性别不同的异性，内心特别讨厌自己的生物性别，以至于在生活中着装或者做游戏（儿童）时对向往的性别有强烈偏好。在这种情况下，孩子会产生比较强烈的负面情绪，进而影响正常的生活，是需要介入治疗的。经过专业评估后，部分人会选择在成年后做变性手术，但未成年人的性发育还处在变化中，一般是不建议手术治疗的。至于是否需要手术治疗，应该等孩子成年后经过专业评估再决定，因为手术是不可逆的。

儿童性别烦躁、青少年性别烦躁的情形，部分成因是因为父母（主要抚养人）不接受孩子的生物性别，如在孩子心理性别形成的关键时期，以错误的方式养育，或者是对孩子的性别持续表达厌恶造成的。孩子在成长的过程中，没有体会到爱和接纳，逐渐形成这方面的精神问题或障碍。

既然我们不能改变既定事实，就应该尽量避免人为抚养方式的错位带给孩子成长的困扰。父母生育孩子的时候，对性别有猜想和期待是一件很正常的事情，但当孩子实际性别和自己期待不一致时，父母需要调整心态，做到全然接纳。

在这个过程中，不需要任何知识和技巧，父母唯一需要做到的就是放下失落和失望，全然接受孩子本来的样子。如果父母能够积极接纳孩子性别，那么孩子对自己生理性别和心理性别做到认同一致，自然是水到渠成、顺理成章的事情。

生活中另外一种情形不是心理性别认同问题,比如,男孩在生活中表现得怯懦或者文静,对女红、手工等感兴趣,被冠以"娘娘腔"称号,常常受到歧视,会给孩子造成一定的心理困扰。这属于社会性别关于男孩性格期待的问题。

当我们在生活中这样评价一个人的时候,就包含了对男性、女性社会化角色的理解和认知,成为对性别性格的固化的刻板印象。

绝大部分时候,我们对男孩、女孩有不同的社会性别角色的期待。这些角色期待和男女性格大致接近,比如,我们希望男孩阳刚、坚强、有担当,希望女孩温柔、体贴、贤惠。

当孩子的性格表现和社会以及父母期待的性格角色一致时,我们觉得挺好。那么,假如孩子天生性别、行为表现和父母期待的以及社会性别角色不一致呢?父母是努力强行纠正,还是接纳、引导?这个时候,父母的态度对孩子的人格培养就很关键了。

随着脑科学的发展,我们了解到男性大脑和女性大脑确实是天生不一样,这也是我们常说男性分析能力和逻辑思维能力较强,女性的感性和形象思维较好的原因,外在表现就是我们惯常认识的男人性格和女人性格,属于一般规律,同时,也有研究数据表明,每五个"男性大脑"中就有一个男性拥有"女性大脑",也就是说每五个男性中有一个是感性和形象思维较好的；每七个"女性大脑"中就有一个拥有"男性大脑"，也就是说每七个女性中就有一个分析能力和逻辑思维能力较强的。

比如，某个五分之一的男孩就是感性和形象思维较强的，外在表现是所谓内向、文静、细腻的性格，家长只需要顺应引导和培养，就是最好的方式。

社会性别赋予男孩、女孩不同的性格特征，但男孩拥有阳刚气质的同时也可以拥有温柔的气质；女孩表现出柔弱气质的同时也可以坚强、有担当。父母把重心放在培养孩子的共性美好品质上，承认社会性别角色多样丰富，做到顺势而为，才是健康全面的性别教育。

离乳分床期的困惑

龙应台在《目送》中写道:"我慢慢地、慢慢地了解到,所谓父女母子一场,只不过意味着,你和他的缘分就是今生今世不断地在目送他的背影渐行渐远。你站在小路的这一端,看着他逐渐消失在小路转弯的地方,而且,他用背影默默告诉你:不必追。"

这段话说出了一场亲子之爱的本意是以分离、孩子独立生活为终极目标的。离乳和分床则是我们为终极目标养育孩子而努力的第一步。

先说说离乳的问题吧。妇科医生推荐母乳喂养,因为这样有利于幼儿的身体发育,这是一个共识。现实中,父母的做法各不相同,有的信奉应该早点培养孩子的独立意识,或者因为工作原因选择在几个月就隔离母乳或者直接奶粉喂养,也有的坚持母乳喂养,直到孩子两三岁,个别甚至喂养到五六岁,认为母乳喂养有利于亲子关系、孩子安全感的培养。

是否进行母乳喂养和离乳时间对孩子独立意识、安全感以及亲子关系有多少确定的影响，目前暂时没有数据或其他证据来证明。大家都是凭着自己的认识，按照自家的情况，跟着感觉走。

但大家终归会有一个共识，孩子总有一天是需要停止母乳喂养的，并且是需要成年人决定和主动做出这个决策。

分床时间（孩子独立分床睡觉）更是各不相同，有一开始就独立睡小床的，有和父母一起睡的，有独立睡一段时间又一起睡的。分床时间更是跨度非常大，那么分床时间对孩子的影响是什么？有多大？也是众说纷纭。

既然离乳和分床是孩子成长中必须经历的一件事情并且是需要成年人决定和主动做出的一件事，那么什么时间决定做这件事情最好？父母应根据各自的家庭情况、孩子个体差异，只要没有影响到孩子正常成长，什么时间离乳和分床都无可厚非。

婴儿从出生到1岁多长牙，吃辅食，学会咀嚼，到完全独立吃各种食物来满足身体发育需要，这个时候已经为离乳做好了身体上的准备。

孩子吃母乳、抚摸母亲乳房入睡在生活中很常见。对年幼的孩子来说，当母乳不再是他主要的食物来源，吃母乳、抚摸乳房只是孩子满足内心安全感的一种需要，这是天性，是孩子感受快乐不愿主动放弃的一种自发行为，需要父母的

因为是男孩，更要补上这一课

帮助，孩子才能完成生理上的离乳。

生理上的离乳是孩子需要也必须要经历的人生"第一次挫折"考验，成功离乳说明孩子跨过了"人生第一道坎"。经历挫折给孩子带来的是心智的发育。这个过程需要父母接纳孩子的不良情绪，给予抚慰，但离乳必须坚持。

同样的道理，分床也是。

健康成长以其性健康发育为基础，离乳和分床，关系到孩子与父母身体隐私部位密切接触的时间长短，与孩子的性健康发育息息相关。

孩子出生后，吃着母乳和母亲一起睡，因此建立和母亲的依恋是必要的，随着孩子的成长，离乳和分床也是必要的。

随着慢慢长大，孩子对食物的需求、对安全感的需求都呈现多样化，不再单纯通过母乳、与母亲同睡来满足，此时父母就可以自由决定离乳的时间以及分床的时间了。

那么为什么父母们还在困惑、焦虑什么时间离乳，什么时间分床呢？因为父母们把孩子的情绪当成自己做决定的因素了。

0～6岁，任何时候决定离乳、分床，孩子都会有情绪。我们需要做的是，以合适正确的方式来处理和疏导孩子的情绪，而不是让孩子的情绪来影响我们的决定。

第四章 青春期前应注意的性教育关键节点

离乳、分床时,孩子表现出"一哭二闹三上吊"的情绪很正常,但因为孩子哭闹就搞得家里鸡飞狗跳,就是父母的责任。

有的妈妈躲起来哄骗孩子离乳、分床;有的妈妈在孩子"一哭"时,就用好吃好玩的哄骗孩子;有的妈妈在孩子继续"二闹"时,故意恐吓孩子"警察或强盗来捉小孩了";有的妈妈在孩子"三上吊"时,见欺骗、恐吓不管用,就使用暴力让他们服从。

这些都不是正确安抚孩子情绪的方式。

当决定和孩子离乳或分床时,家长首先需要接纳他们的情绪,他们会以哭闹、撒泼、打滚、反悔等方式来表达愿望得不到满足的失望和伤心。父母要接纳孩子的正常反应。

然后是允许孩子用自己的方式表达情绪,在保障人身安全的情况下,允许他们哭闹、打滚等。因为情绪是一种能量,既然出现了,就需要释放。这要经历一个过程。比如,孩子哭闹的时候,不需要安抚他"不哭不闹",也不要用欺骗、恐吓的方式让孩子停止哭闹,而是允许孩子哭闹,同时告诉他,你会慢慢等待孩子情绪恢复平静。

之后,理解孩子的情绪并用孩子听得懂的语言说出内心的想法,让孩子明白父母理解他的感受,懂得他的失望、伤心,同时,也告诉孩子这样决定的原因。

因为是男孩，更要补上这一课

最后就剩下温和地坚持了。这个过程会反复，需要父母有耐心。当孩子情绪稳定平和，接受了离乳、分床，再为他的成长点赞，给予鼓励。

孩子对身体隐私概念的启蒙在3岁左右就应该开始了，但如果马上上小学了还没离乳，孩子已经开始窜个子了，异性父母还没和孩子分床。这些非正常离乳和分床的情形，都会对孩子的行为和心理发育造成偏差。

孩子的身体和父母身体因为吃母乳、同睡必然会亲密接触，隐私部位也会不可避免地每天接触，孩子感官上的性感觉会持续得到刺激。这一点对男孩的成长影响更大一些。随着年龄的增长，男孩对女性身体的认识也开始加深，母亲是男孩认识女性身体的第一人，长时间过多的刺激会提早唤醒孩子的性感觉和性意识，但同时因为其对两性的认知能力和理解能力不足，性道德、性隐私、性防卫等发育严重滞后，容易导致孩子心理上出现偏差，如不及时纠正，后果会延续到孩子成长的下一个阶段。

如果违背"以分离、孩子独立生活"这个终极目标去养育孩子，孩子常常会出现巨婴、啃老等各种心理问题或障碍。这个时候，父母就该问问自己，到底是谁的原因导致孩子不能正常离乳和分床？

第四章　青春期前应注意的性教育关键节点

看到男孩自慰，你会怎么处理

生活中，父母常常会见到男孩处在以下场景中：

场景一，一个两三岁的男孩洗完澡坐在床上，用手在拉扯自己的"小鸡鸡"，边玩边低头看，似乎觉得很有趣……

有的家长可能会把孩子的手拿开，有的家长可能会给孩子一个玩具转移注意力，有的家长可能会假装没看见。

幼儿期的孩子抚摸生殖器是自慰吗？有的家长仅仅知道男孩在青春期会有自慰行为并把自慰行为狭义理解为青春期的男孩对性器官摩擦射精的行为。

其实孩子从出生后，受好奇心驱使，就开始有探索身体的行为了。在成长阶段，上述行为都可以称为自慰，是孩子性发育过程中所有对性器官自我探索获得愉悦感的行为。自慰行为是一个中性词，是男孩探索身体性愉悦的自然行为，父母应该根据孩子的不同成长阶段采取不同的态度和应对方法。

对于0～6岁的男孩抚摸性器官的行为，大部分家长其实

因为是男孩，更要补上这一课

都是比较宽容的。对于孩子而言，抚摸生殖器和抚摸自己身体其他部位区别不大，反倒是父母的不停阻止反应，会加深孩子对生殖器的特别关注，如同我在前面章节"幼儿时期是自由探索时期"所讲的那样，让孩子自由探索就好。不过，在男孩3岁后需要引导他认识身体性器官的时候，就是对孩子的身体自主权意识启蒙的时机，家长需要引导孩子认识性隐私的概念。

家长应告诉孩子触碰性器官是自己的事，不可以随便让别人看见。孩子懂得性器官是身体的隐私部位，知道不可以随便裸露生殖器给人看见就可以了，这就是6岁之前男孩需要掌握的自慰礼仪。

场景二，一个八九岁的男孩趴在客厅的沙发上看书或看手机，屁股扭动，明显是在摩擦阴茎……

有的家长可能会一个巴掌打过去，有的家长可能会呵斥孩子，态度好点的家长可能会叫孩子坐起来。

孩子在青春期前，性激素还没有大量分泌，性器官也没有成熟，没有类似成年人的性冲动，不过也自发会对身体探索性愉悦感，是孩子认识身体、性意识体验的一部分。这个时期，孩子一般在上小学，青春期还没到来，是男孩掌握自慰礼仪的关键时期，只要没有影响身体健康，父母都应该接纳，但需要根据孩子的情况，注意对自慰礼仪的引导。

自慰礼仪是一个人尊重自己和他人隐私的重要行为规范，包含以下几个方面的内容：

第一，空间隐私。家长应该允许孩子抚摸自己的生殖器，但需要向孩子强调抚摸生殖器是自己的事情，应该在一个隐秘的空间，比如，家里的卫生间、自己的房间，这些地方一个人待着的时候才可以抚摸。

第二，身体隐私。需要向孩子强调抚摸身体生殖器是个人的事情。不能让其他人抚摸自己的生殖器，也不应该抚摸别人的生殖器，不应该让其他人观看自己抚摸生殖器，也不应该去观看其他人抚摸他们自己的生殖器。抚摸自己的生殖器是个人隐私事情，我们需要尊重别人，也应该要求其他人尊重我们自己。另外应该向男孩强调，如果有人随意触碰、抚摸你的隐私部位是性侵行为，这部分的内容在后面的章节会详细讲到。

第三，个人生殖卫生。抚摸自己生殖器前，应该先洗手，保证卫生。在这个基础上可以引导男孩多运动多出汗，既锻炼身体，又能有效转换性能量。其他的，父母就适度退出孩子的空间吧。

有的家长会用恐吓的方法来阻止孩子抚摸生殖器。面对这样的方法，有时候孩子是表面上停止了，但仍旧会偷偷自慰并可能不受控制；有时候，即使孩子行为停止了，但内心对性的恐惧却留下了阴影。孩子对性形成负面认知，或多或

少会对成年后的生活造成影响。

父母不需要过度在意青春期发育前男孩的自慰行为，因为他们对身体的探索并不是成年人理解的自慰，也没有性交的幻想。这是他们建立性意识的关键年龄和学习尊重的好时机。

如果父母发现孩子对性的探索明显超过年龄的认知，就需要注意了，有可能是孩子的性意识被提前唤醒。这个问题，后面的章节我们会专门讲到。

第四章　青春期前应注意的性教育关键节点

练习憋尿
帮助男孩建立对性冲动的自控力

父母经常会带几岁的小男孩和小女孩外出玩耍，这个时候，假如男孩对父母说："我想尿尿。"常常见到父母环顾四周，假如在路边，会让男孩背过身体尿尿；假如在公园，会随便让孩子对着草丛或一棵树尿尿；甚至在汽车或者地铁等交通工具上，也会找个矿泉水瓶子让孩子尿尿……绝大部分情况，会想办法让男孩马上解决小便。

情景不变，换个主角，假如是女孩对父母说："我想尿尿。"多半父母会说："这样啊，忍一下，我们找找厕所。"在路上会让孩子忍一下，寻找最近的厕所；在公园，也会让孩子忍一忍，然后带孩子去找厕所；在汽车或地铁等公共交通工具上，更是会让孩子忍一忍，再根据情况是否提前下车找厕所。

父母对男孩和女孩在憋尿的事情上，态度的区别从小就体现出来了。我曾经问过一些父母，他们的理由差不多，也很坦白，直接说："男孩子小便方便呀，哈哈，拿出来站着就可以了",或者笼统说一句:"男孩憋尿不好"。事实上,男孩和女孩长久憋尿对身体都不好,这是常识,而并非憋尿只是对男孩不好,对女孩就无所谓,这不是理由。

在一般日常情况下,适度的憋尿对男孩、女孩来说,都是一样的,都是对身体一种控制能力的练习。

男女从生理结构上来说,膀胱体积大体是一样的,但男女尿道的长度却不同,不论是成年男女,还是未成年人,同样年纪发育的男孩的尿道要远远比女孩的尿道长。在面临同样的情况下,男孩其实比女孩在生理条件上更有能力憋尿。

请家长稍稍思考一下,在日常生活中遇到差不多的情形,仅仅是因为男孩和女孩性别的差异,我们会下意识地对女孩说:"忍一下,我们去找厕所。"而对男孩说:"那好,就在这儿尿吧。"有这样不同对待,是为什么?

其实这背后隐藏着父母对男女性器官不同的看法和认识。小便的时候,男女都涉及性器官外露问题,也涉及我们对男女性器官暴露的接受程度、男女隐私空间范围的不同态度。父母对男孩和女孩的性器官外露所持的态度影响到他们对待孩子提出"我想尿尿"时的反应。

传递男孩和女孩性平等意识,其中的关键点就是性身体平等意识,男女身体特别是性生殖器官虽然是不同的,但却是平等的。父母引导男孩、女孩在认识身体性器官的时候，应该强调这是个人隐私的观点。这些是男孩、女孩都应该有的性理念。我们在前面的章节中讲过，男女在性教育的本质上是一样的，但因为客观现实情况的不同而需要父母采取不同的方式。

当我们遇到可以让女孩"忍一下，我们去找厕所"的情况时，对男孩也应该说"忍一下，我们去找厕所"。寻找厕所是在告诉孩子，我们需要懂得自律，不随地大小便，这不仅是文明的表现，也是对孩子自控、自律能力的培养和练习，并且适度地加强憋尿行为，对男孩而言，更是性自控能力的练习，父母更应该有意识为之。

适度憋尿练习，是让男孩在练习控制身体的一种能力，并且是对身体比较特殊部位的控制能力。这个特殊部位是性器官，适度憋尿是在针对性器官的控制能力做练习，在潜意识里，也是对男孩性欲自控能力的练习。

反过来，当男孩形成"我是男孩，想尿就尿"的认知时，其对性器官的控制能力就相对弱很多，对于自己的性欲也会有类似的看法。当男孩对自己的性欲控制能力一并有"我想了就要射"认知的时候，就非常危险了，因为现实生活的"强奸案"，作为犯罪嫌疑人的男性加害者常常有这样一种心理状态，当男性患有性欲倒错障碍（详见《精神障碍诊断与统计手册（DSM-5）》）的时候也常见类似的心理状态。

　　适度对男孩进行憋尿训练可以培养男孩控制身体的能力。这个特殊身体部位自控能力的培养，培养的是男孩对性欲的自控能力。这也是父母教育孩子不要走上犯罪道路的一个重要方面。

关注男孩游戏的性边界

游戏是孩子的天性，通过游戏可以促进孩子身心发展，特别是孩子大脑思维能力和想象力的发展，提升孩子的认知能力并可以增进孩子和同伴之间的交流，促进孩子的情感发育。

大多数男孩天性好动，对游戏有更多的参与欲望，随着社会的发展，参与游戏的方式也发生了变化。

一种是通过互联网参与的游戏。互联网的游戏种类丰富多样，在现代社会，一起玩游戏已经成为男孩和伙伴相处的方式，通过游戏进行同伴交流的趋势不可阻挡。

参与正常游戏对男孩的成长是有裨益的，但绝大多数父母的关注点是担心孩子沉迷游戏，所做的预防工作也针对游戏成瘾的问题，反而忽视了孩子所参与游戏中有关性信息内容的问题。

游戏中的性信息以图片、文字、视频等形式呈现，并且大多数偏向对人的感官进行刺激，有些游戏的主要参与者是未成年人，因为对这部分教育的忽视，男孩面对这些性信息时缺乏判断力，不可避免地会受到负面影响，导致其产生性心理发育被提前唤醒的情况。

甚至有些游戏会涉及引诱参与游戏的孩子对着摄像机做性意味的动作，或者以上传暴露身体的照片来获取游戏奖励等低俗内容。

虽然父母自己不玩游戏，但需要关注孩子所玩的游戏是什么类型，如果涉"黄"，应该向相关部门举报，要求将其下架。

另外，父母还需要了解孩子参与此类游戏的时间，然后根据男孩日常生活中的行为、语言等表现，来判断孩子受到不良性信息的影响有多大，再采取不同的措施，对于性心理提前被唤醒的情形，后面的章节我们会详细讲到。

在孩子玩的众多游戏中，还有一种是生活中面对面参与的性游戏。孩子玩性游戏，一是因为对身体的好奇，是一种自发探索身体的行为；二是孩子有模仿的天性，经常模仿成年人的行为。

孩子从3岁后就开始玩性游戏了。性游戏大多数发生在孩子青春期发育前这个年龄段。我们经常可以观察到学龄前儿童之间的性游戏，结婚、怀孕、用洋娃娃扮小孩等场景都有发生；也有扮演医生检查身体的，脱裤子打针等。这些在幼儿期间都是非常有益且正常的探索学习过程。

学龄前（6岁前）儿童之间的性游戏常有拥抱、亲吻或者抚摸等行为，这些接触会让孩子觉得舒服。他们对自己和他人身体都感到好奇，有探索的欲望，会按游戏玩法，脱裤子观看身体，这是孩子探索自我成长的一部分，也是学习和同龄人玩耍相处的好机会。

孩子在6岁前的性游戏中极少有伤害性的行为，这种以游戏的方式进行的探索，对孩子的成长是非常有益处的。只要孩子在游戏中是自愿快乐的，父母应该顺应孩子的天性，宽容接纳就可以了。

6岁至青春期前，儿童的性游戏会相对隐蔽一些。随着孩子性别意识的加强，有同性之间的性游戏，也有异性之间的性游戏，比如，男孩子之间有比赛撒尿看谁拉得远，或者男孩之间会撒尿画地图，女孩也有在游戏中规定互相观看性器官的环节，异性之间的性游戏会更丰富复杂一些，伴随模仿成年人之间的行为更多。

父母对于男孩参与到游戏中相对比较放心，一般不怎么关注性游戏，也很少教育男孩在玩游戏中应该注意些什么。随着孩子上学后，社会交往面的扩大和性意识的成长，"潜伏期"年龄段孩子之间的性游戏有一定的复杂性。有的孩子性意识被提前唤醒，好奇心特别重，特别是年龄差距3岁以上的"潜伏期"孩子们在一起玩的时候，父母需要防止在性游

戏中出现受伤的情况。

男孩参与玩游戏,也需要向他强调,要告诉孩子隐私部位(底裤覆盖的部分)不可以让其他小朋友触碰,如果有小朋友想触碰,要大声说"不"并马上离开,告诉父母。如果亲吻、拥抱或者看、摸对方的身体,需要先问问对方是否同意。首先要尊重参与玩游戏的其他小朋友;其次,也要求其他小朋友尊重自己,同时需要反复强调玩游戏的底线,避免出现身体伤害。

如果参与游戏的伙伴年龄差距超过3岁时,家长需要特别留意关注一下,看看孩子们的状态反应,假如一起玩游戏的孩子开心快乐,问题不大;如果有个别儿童特别是年纪较小的孩子生气甚至害怕离开,家长需要特别留心关注,分辨孩子是否有身体被侵犯的现象。

从性游戏性质行为来看,儿童之间过家家、扮演医生看病人,一起脱衣服给彼此看,拥抱或者亲吻都是正常的性游戏行为,但如果儿童之间有插入性的行为,比如用手指抚摸插入隐私部位,或用嘴亲吻阴部或者阴茎(很有可能是孩子性意识被提前唤醒而出现模仿成年人的行为),就是有问题的,是必须停止的性游戏。如果父母已经注意到孩子之间的性游戏有异常,指出并要求不能继续这样玩,但孩子却没有停止此行为,特别是年龄相差3岁以上的儿童没有停止这种游戏行为时,家长应该及时介入。

介入时，家长不要用成人之间男女亲密动作的认知去理解孩子之间的亲密动作。亲吻拥抱中，孩子表现是开心快乐的，不需要阻止，但如果有模仿插入性动作，则需要马上制止。要避免呵斥或者责骂男孩是"小流氓"，责骂女孩"不要脸"，因为责骂会对男孩和女孩的心理造成巨大的伤害。

"潜伏期"的男孩会出于好奇或者模仿对性进行的探索，因为他们的性器官发育还没成熟，所以还没有形成成年人世界中关于性意义的认知。性游戏不仅是孩子探索身体的一种正常自然方式，而且也是性心理发育中性体验非常重要的一部分，父母需要做到温和而坚决地制止不合适的性探索行为，并可以抓住机会，把此事当作对孩子们进行性教育的好机会，讲明讲透理由，一起学习如何保护自己，做好性游戏的底线教育。

因为是男孩，更要补上这一课

性心理发育迟滞的影响

孩子的性生理发育是遵循身体发育的规律，排除因激素刺激或身体意外的情况，正常来说，性生理发育和身体发育是同步的，但孩子的性生理发育和性心理发育，会因父母的养育方式或者外界性信息的刺激，出现不同步的情形，甚至出现错位的情况，并且多见于孩子的"潜伏期"，个别会延续到青春期。

孩子性生理发育所在的年龄阶段，有着与之相适应的性心理特征和行为。孩子的性心理特征是通过对性的理解、体验和态度表现出来的，具体表现在孩子日常的行为，和同伴相处的关系，父母和孩子的亲子关系，特别是和异性父母的亲子关系上。

性生理发育和性心理发育错位情况分两种：一种是性心理发育迟滞，一种是性心理被提前唤醒。

处于潜伏期的男孩本应有着与之相适应的性心理特征和行为，但如果其性心理特征、行为表现，还和处在幼儿期孩子的行为表现类似，就会产生性心理发育迟滞的现象。

第四章 青春期前应注意的性教育关键节点

这里举一位妈妈的咨询例子来帮助大家理解什么是性心理发育迟滞。

小刚（男，8岁）需要抚摸妈妈乳房才能入睡，尝试分床单独睡过一段时间，但小刚会半夜醒来说害怕，又回到妈妈床上一起睡，妈妈拗不过小刚，目前还未分床。后来了解到，妈妈其实也觉得应该和儿子分床，但因为自己和老公两地分居，自己的睡眠质量一直也不好，加上儿子说半夜害怕，和儿子一起睡，两个人都睡得比较安心，妈妈并没有意识到孩子性心理发育还停留在幼儿阶段，只是觉得儿子已经8岁了，每次要她陪着才肯睡觉，为此感到苦恼。

经过进一步了解，小刚从小特别黏妈妈，有一定的分离焦虑，6岁前，家里人经常需要把小刚骗到另外的房间，妈妈才能正常出门去上班。对于为什么没有分床，妈妈解释小刚晚上一个人睡半夜醒来说做噩梦、感到害怕，怎么也不肯自己一个人睡，认为分床会对孩子造成伤害，所以一直没有分床。

在这个案例中，小刚8岁，年龄处在潜伏期，对异性身体边界感、身体隐私部位应该有基本认识，潜伏期的孩子一般不应再出现像幼儿时期（0～6岁）才会有的分离焦虑情况。

男孩幼儿时期依恋母亲是很正常的心理，3～6岁时就能够逐渐认识到父母和自己会分离一段时间，也能够又回到自己身边。随着认知水平的提升,孩子和家人建立加深内在的安全感,其分离焦虑会自然消退。

上述案例中,父母在小刚幼儿时期长期的错误处理方式,导致他的分离焦虑一直延续。父母以欺骗的方式对待小刚,母亲离开孩子去上班,即使是暂时的,孩子内心深处仍感到恐惧和焦虑。小刚的焦虑情绪是真实存在的,这种情绪没有得到有效的安抚和疏导,小刚只会在再次看到母亲的时候更加黏母亲,不愿和母亲分开。

到了潜伏期,亲子关系的良好边界是孩子建立良好身体边界感的基线,也是孩子建立性边界、性道德、性隐私等意识的关键时期。

在此案例中,小刚继续被分离焦虑情绪所影响,加上母亲不当的处理方式,没有看到小刚情绪背后内心真正的需求,最后导致小刚性心理发育还停留在幼儿阶段,需要抚摸母亲乳房才能入睡。这种情况就属于性心理发育迟滞。

8岁的小刚,本应该加强建立性边界、性道德、性隐私等意识。这些是孩子处于潜伏期时性发育任务,但小刚还需要抚摸母亲乳房入睡,即使是母亲的乳房,触碰的也是异性身体的隐私部位,对于小刚而言,性的感官刺激在持续。假如父母不及时做出调整,随着小刚身体发育成长,性器官、性意识也在发育,他又会因为身体持续长时间接触到异性隐私部位(即使是母亲)的刺激,对性感受的提前体验导致性心

第四章 青春期前应注意的性教育关键节点

理发育被提前唤醒。

作为母亲，遇到小刚类似的情形，该如何补救呢？

如何处理母亲和8岁的男孩分床睡的事必须提上日程，这是一个父母必须要坚持的原则问题。可以尝试围绕分床这件事情开一个家庭会议，每个人发表意见，制作日程和实施方案，最重要的是尊重孩子的意见，让孩子明白分床是必须的，但可以给孩子提供他们要求的抚慰或陪伴方式。在这个基础上，父母再来帮助孩子处理好情绪。

孩子有真实的焦虑和恐惧，不愿意和母亲分开，这些情绪需要被父母看见、接纳、肯定。孩子情绪背后是因为他的一些心理基础需要没有得到满足，比如，感受到父母的爱，安全感，被肯定，被接纳等。需要父母不指责、不嘲笑、不抛弃，从内心接纳孩子状态，给予孩子鼓励。这个案例中，小刚和妈妈分开睡半夜会做噩梦，他会害怕是很正常的事情，需要父母理解孩子的情绪，给孩子抚慰，选择陪伴孩子，让孩子感觉到父母是爱他的，不会离开他，但分床必须坚持，不迁就孩子。

给孩子补上有关性知识教育这一课。在给孩子补上这一课之前，家长需要先给自己补上这一课。性生理卫生知识，家长和孩子都很容易补上，但对于孩子性边界的建立、性道德、性隐私等一些观念不是告诉孩子有这个说法就可以了，需要父母在日常生活中践行，言传身教，让孩子做到"知其

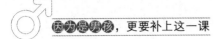

然，知其所以然"。

　　孩子的性心理发育迟滞这类问题在家庭中存在时间有长有短，其解决的方法可以参考前面所述的几个步骤，但父母需要明白，解决的过程不可能一蹴而就，进步的同时还可能出现反复，需要决心和耐心。

第四章　青春期前应注意的性教育关键节点

父母应重视孩子性心理发育被提前唤醒的影响

性生理发育和性心理发育错位的第二种情况是性心理发育被提前唤醒。

这里再举一位爸爸咨询的例子，帮助大家理解什么是性心理发育被提前唤醒。

某周末，爸爸妈妈外出有事，让哥哥小磊（10岁）和妹妹小虹（7岁）以及邻居女孩（6岁）在家玩，中途爸爸回来发现孩子们在玩性游戏，小磊把妹妹压在沙发下，把身体摆出"成人性交"的姿势，爸爸大吃一惊并马上阻止，所幸没有孩子受到身体伤害。

进一步了解发现，两个月前小磊看过同学给的小电影视频，里面有男女性爱性交的色情内容，偷偷看的过程中被妹妹发现，又和妹妹一起看，觉得刺激、好奇，所以趁家里大人不在时模仿视频中的动作。

之后，父母又补充了一个信息，小磊在7岁左右曾经看见父母过性生活，父母知道后觉得尴尬，认为孩子还小，当时并没有在意，只是让孩子回房睡觉。妹妹小虹和父母分床后，目前和哥哥住一个房间，分别睡上下铺。

事情发生后，父母把孩子们骂了一通，哥哥遭受了一顿皮肉之苦，妹妹和父母重新一起睡，哥哥单独睡。但父母仍然很担心、很焦虑，不知道如何处理。

在这个案例中，小磊、小虹的身体发育都处在性发育潜伏期，还没有进入青春期，但性心理发育已经明显被提前唤醒了。

网络曝光的10岁男孩在上海某书店拉着一个5岁的小女孩到角落里猥亵她的阴部，并脱了裤子诱骗小女孩亲吻其阴茎的事件。这个小男孩明显也是性心理发育被提前唤醒的例子。

孩子性生理发育所在的年龄阶段应该有着与之相匹配的性心理特征和行为，但在成长过程中，因为某些因素，孩子意外获得性方面的感官刺激，导致其对性的理解、体验和态度，出现超越年龄阶段、超越身体性生理发育的变化，提前探寻、尝试、追求与之性生理发育阶段不相适应的性体验、性行为。这种情况就是性心理发育被提前唤醒。

这里简单分析一下小磊（男，10岁）和小虹（女，7岁）发生这件事情的心理成因脉络。

第四章 青春期前应注意的性教育关键节点

从他们父母口中了解到，孩子们在6岁前没有异常，父母没有特意进行性教育，但对孩子的一些自发身体抚摸身体探索行为也没有刻意阻止，两个孩子都是自由发展的。

父母记得，小磊7岁左右见过他们夫妻过性生活，因为当时觉得特别尴尬，事后也没有和孩子进行沟通。小磊对这件事的记忆已经有点模糊，但承认自己对这方面比较好奇。

这件事情父母处理不当，小磊当时对性的好奇的种子已经埋下，好奇心逐渐加重，对性信息的接受也比较敏感。上学后，同学之间会分享关于性方面的信息，如果有文字段子、图片、网络视频、性感游戏等，小磊都会有兴趣并主动获取并和妹妹分享，进一步提前唤醒了妹妹的性意识。

因为这部分的性信息着重于对人的感官刺激，并不属于科普的性生理、性生育知识等，孩子们的性道德、性隐私等意识并没有同步获得，只是模糊知道要回避父母。

而易得的各种性信息进一步刺激了孩子的感官感受，引起了对性的异常的好奇心，最后导致孩子寻找机会尝试模仿成年人的性行为动作。

性心理提前被唤醒后，孩子的行为方式存在多方面的表现，上述例子相对比较极端，除模仿成年人性交行为动作外，也包括频繁自慰、对性信息的强烈难以忍耐的好奇心等，有时可能还会做出伤害自己或他人的行为。

性心理发育被提前唤醒需要及时矫正，特别是针对已经出现不合适的尝试性行为，若不及时矫正所带来的问题会直接影响到青春期性心理发育并往往导致一些自伤或者伤害他人的性暴力事件（有关性暴力的问题后面章节会讲到）。

发现问题后，为了把坏的影响消除或者降到最低，在家庭性教育中，父母该如何做呢？

第一，需要家长用有效的方式让孩子停止模仿成人性交动作，假如认为已经失控，采取一些强制性的措施也是必要的。比如，暂时将一方送到亲友家寄住等。短期内强行让孩子停下来或许也会给孩子带来负面影响；比如，带来对性的恐惧和焦虑，但相对于放任其行为继续发展带来的负面影响会更少，理性的决定是"两害相权取其轻"。

第二，父母必须及时为孩子补上科学的两性生殖生理卫生知识这一课，包括男女性器官的构造、不带有感官刺激的男女性交知识。这方面书店已经有比较成熟的科普书籍和绘本，父母可以甄别挑选。正常情况下，在尊重彼此的情况下，应该同时让孩子懂得性道德规范和性隐私规则，但处理非正常情况时，则可以适当利用孩子的恐惧心理、性的羞耻心等负面性感受。我们需要告诉孩子，若不停下这种行为，将会造成的严重后果，强行为孩子建立性冲动的安全堤坝，然后净化孩子生活环境中不良的性信息，特别是一些对感官造成较大刺激的色情视频和图片。

第四章 青春期前应注意的性教育关键节点

紧急事件处理完后，我们需要持续关注孩子的情绪、心理变化，正面安抚和引导孩子，必要时，应该寻求专业心理咨询师的帮助。安抚、引导情绪的方式可以参考上一节处理性心理发育迟滞情况的步骤。

这个案例中，小磊在7岁左右见到父母过性生活，但父母的处理方式明显不当。假如其他孩子的父母碰到类似的情况，同样会觉得无比尴尬，但尴尬归尴尬，如何更好地面对和处理这种生活中的意外情况呢？

当这种意外情况在生活中发生时，在父母看到孩子后，一般都会停止夫妻性生活。这时父母要控制好自己的情绪，保持镇定，深呼吸一下，先把孩子安顿好，但不可以把事情当作没发生，当下的时间若不合适与孩子沟通，也应该另外找个时间和孩子聊聊。

首先，要弄清楚孩子看了多久，看到了什么，问问孩子是怎么认为的。家长先搞清楚孩子如何认识这件事非常关键，可能孩子刚推门什么也没看到，也可能孩子在门口看了很久，疑惑眼前的事情，父母需要根据孩子看到的内容和疑惑进行解释。

其次，关注孩子对事情的情绪反应。常常有年纪较小的孩子认为父母在打架，内心充满恐惧，也有较大一些的孩子似懂非懂，内心充满害怕疑惑，这就需要根据孩子的疑惑进行解释，直到消除孩子的不良情绪。可以使用前面章节中所

提到"打太极",你来我往的提问方式进行。方式不重要,重要的是帮助消除孩子的不良情绪,而不是回避。

最后,需要父母为这件事给孩子造成的困扰勇敢地道歉。不是为做这件事情本身道歉,反倒应该强调这是父母表达相爱的一种方式,但这种方式必须是私密的,由于疏忽没有做到私密这点,给孩子带来疑惑和恐惧,所以父母需要向孩子道歉。父母也正好抓住这个性教育的时机,向孩子讲明家庭成员之间的隐私边界需要互相尊重,请孩子尊重父母,约定下次进父母的房间请先敲门,也可以约定家庭中其他对性隐私的尊重规则。

这类问题看似是家庭生活中的意外,但只要父母留心,就可以把意外当作一次学习和成长的好机会。

在成长过程中,孩子的性心理发育迟滞和性心理发育提前被唤醒都是家长们需要特别关注留意的,发现问题时,必须及时处理,才不至于造成更严重的后果。

第五章

青春期应注意的性教育关键节点

章|节|寄|语：

青春期对人的一生影响深远，也是孩子性蓬勃发育的时期，性发育如雨季的河水般丰盈充沛，父母帮助孩子建立好性发育的堤坝，为孩子规划好性教育的边界和底线，才是这个时期的关键。

帮助男孩了解
并合理接纳自己的第二性征

青春期对每一个人来说，都是人生特别重要的一段时期。世界卫生组织（WHO）规定的青春期是10～20岁这个年龄段，它是以性成熟为主要内容的生理成长期，是儿童到成年人的过渡阶段，生理、心理都发生着剧变，重要性不言而喻。

曾经对性教育不怎么重视的家长，在面临男孩青春期的时候也会开始重视起来了，对孩子的变化开始有各种担忧，加上孩子在这个时期情绪会不稳定，容易冲动，经常造成亲子矛盾集中爆发。

不论出现什么状况，也不论以前家长错过了多少教育的好时机，当家长意识到问题的存在，想进行补救时，就是最好的时机。因为解决问题的最好时机，永远都是马上开始行动。

来到青春期，男孩的性腺激素会刺激他们的第二性征发育。男孩身体长高，迎来代表性器官开始成熟的第二性征，

第五章 青春期应注意的性教育关键节点

胡须、喉结等开始发育,而且出现以夜间遗精为标志的生理现象;女孩则会迎来以月经初潮和乳房发育为主要特征的第二性征。

孩子的大脑还在进一步发育完善中,而控制理性思维的大脑前额叶皮层要到青春期最后阶段才能发育好,所以心理和精神层面也处在急剧变化中,情绪高低起伏不稳定反倒是青春期孩子的常态。

在这样一个精神状态下,孩子要独自面对身体上和性发育心理的相关事情,惊慌失措在所难免,压力也格外大。

作为父母能帮到孩子的是,提前把第二性征告诉孩子。特别是在第二性征发育过程中,可能会遇到什么样的身体状态都要提前告诉孩子。孩子个体不同,会有细微的差别。

提前告诉男孩一些生理现象产生的原因,比如,勃起是阴茎充血变硬的过程,不仅是在有性冲动的时候出现,也会在早上起床、睡觉或者尿涨的时候出现,也可能会在不小心触碰到的时候出现。这些都是正常的生理反应。

有的男孩因为有过一些在不合适场合勃起遭到嘲笑的经历,从而产生自卑心理,最后导致人际关系以及个人心理出现一定问题。父母可以提前提醒,假如在一些场合出现让自己感觉尴尬的勃起现象,男孩应该马上调整身体姿势(比如有条件的话可以身体前倾坐下来),让性器官与衣服或其他

接触物品之间保持宽松状态,同时,转移注意力,尽快让自己平静下来,也可以暂时离开,吹吹凉风,喝杯凉水,暂时避开他人异样的眼光。因为当人感到紧张时血液流动更快,反而会让勃起现象持续。在不合适的场合持续勃起会让人无端猜测,进而影响到自己的形象、人际交往。

另外,作为父母,需要了解一个现实状态,不论你是否主动给男孩讲解有关第二性征的知识,绝大部分男孩到青春期的时候,都会接触成人小电影。成人小电影等会对男性阴茎有着不切实际的夸大处理,误导男孩认为阴茎需要越大越粗越好,误以为这样才能显示出男人气概。

一旦形成这种错误认知,往往导致男孩对阴茎大小、形状的发育担忧,父母需要提前告诉孩子,阴茎的大小、形状等,主要和遗传有关,阴茎、阴囊、睾丸、前列腺等整个生殖系统只要健康发育就好了。让孩子对身体生殖发育提前有一个了解,可以有效避免或减少孩子对身体生殖发育的担忧。最后,父母也可以在孩子青春期发育有遗精现象后,选择带孩子去医院做一次男性生殖体检,医生的建议对青春期男孩来说更容易接纳。

青春期男孩开始变声的时候,会开始长胡须,喉结、腋毛、阴毛也开始生长,有的男孩对这些毛发生长常常很反感,会私自拔掉最初长出的胡须、阴毛。这样会损害皮肤和性器官的发育。作为家长,应该提前告诉男孩大约什么时候会长腋毛、阴毛，告诉孩子要注意卫生护理，不要去破坏它们，它们是身体的一部分。

男孩喉结开始发育凸显，到了变声的时候，伴随着这些第二性征的到来，还有一个常常被父母故意视而不见的生理现象——遗精。

遗精现象是男孩性发育开始成熟的标志，男孩在第一次梦遗的时候，同样会和女孩第一次来月经时一样不知所措，即使是提前知道会有这样的生理现象，到自己体会到的时候，还是会有情绪波动。

大部分男孩或许已经开始无师自通地自慰，体验性感觉，只要第二天没有出现明显的疲惫、尿频尿急等症状，次数无关紧要。这个时候，父母需要帮助孩子做好一些底线教育，理解孩子身体的变化，给孩子提供一些系统的生殖知识，科学直接地面对性，避免呵斥孩子，贬低遗精、自慰等正常的性生理行为。让男孩以积极、自然的心态去迎接自己身体的第一个转折点。

遗精是男性从儿童变为男人的标志，标志着男性具有成为父亲的生理基础条件，是从男孩成为男人的转折，对男人而言，这同样是一件很重要的、很珍贵的、很有意义的事情。

一些国家和地区的风俗文化中，会为男孩来第一次遗精

举行一个简单的庆祝仪式。人们通过这样一种方式，向男孩传递祝福，也传递着责任和担当。

即使我们日常生活还没有开启这样一个仪式，但父母也应该让男孩感受到长大的喜悦，从内心真正接纳这个重要时刻的来临，主动恭喜男孩长大，具备了做父亲的生理资格，同时，要强调作为一个男人应具有的责任和担当，孩子自然会从心底萌发出强烈的身体自主权意识，自控能力也会得到加强。

成长是属于自己的，每个男孩都要独自面对青春期带来的情绪波动和各种压力，父母提前告诉男孩即将面临的第二性征发育，虽然并不能完全消除这份压力，但可以帮助孩子有效舒缓人生第一次身体剧变带来的惶恐不安，让他们可以更好更快地适应自己身体的变化，以更积极、自然的心态接纳自己，做身体冲动的主人，并增强男孩成为男人的责任、担当意识。

帮助男孩了解女性第二性征

一般规律，女孩青春期的开始年龄和结束年龄都会比男孩的青春期早1～2年，另外青春期开始和结束年龄因个体差异，区别很大，差距有2～5年。所以，孩子的第二性征的外在表现在这个时期有很大差别，对男孩、女孩心理上的影响都是巨大的。

当女孩身体开始发育的时候，作为小伙伴的男孩同样开始敏感地关注女孩的身体变化，并且好奇心可能会更重。另外，男孩本身对事物的探索又常常比女孩更加主动，所以提前让男孩了解女性的第二性征就显得必要和迫切了。

我们的社会中，男性和女性的生活是交织在一起的，彼此之间必然产生人际关系，如果个体之间建立亲密关系，也会在合适的时机发生性关系，因此了解男性和女性第二性征的区别，也应该是成长的一个必备知识。

比如，女孩乳房的发育不单单会让女孩产生羞涩的感觉，也会引起男孩的好奇。同样，当男孩开始变声、长胡须的时候，女孩也会忍不住多瞟几眼。青春期是他们从儿童向

成年人过渡的时期，性成熟就在这个时期，彼此吸引、好奇，也是他们互相学习了解男女第二性征的好时机。

青春期男孩不仅会关注自己身体的变化，也非常关注一起成长的女孩的身体变化，对女性的第二性征也抱有天生的好奇心。

父母躲躲藏藏、忐忑不安的心理完全可以放下，帮助男孩了解女性第二性征，知晓这部分知识不但不会刺激男孩早恋，反而会因为了解而降低其对异性第二性征的好奇心，能够让他更加理性地认识两性关系。

乳房和月经是男孩需要了解的最基本的两个女性第二性征。日常生活中，乳房作为女人的第二性征，已经被各种各样的商业目的所利用。广告词"做女人挺好"暗示女人乳房一定要大而丰满；各类小说、影视等文化作品也都在传递乳房一定要大而丰满才是美的，有吸引力的。这些社会上的性信息不仅影响到女孩对乳房的看法，也影响到男孩对乳房的认识。

乳房的大小、形状主要受遗传因素影响，父母应把乳房作为身体一部分的相关生理性知识传递给孩子，乳房主要由腺体、导管、脂肪组织和纤维组织等组成，具有体现人体美和哺乳的功能，消减孩子因为不了解而产生的好奇。

父母还需要向男孩强调，乳房是女孩的隐私部位，女孩在乳房发育过程中可能会有一定的胀痛,要尊重女性,尽量不要触碰到她们的乳房,身体发育最重要的是健康。

绝大多数父母不会主动告诉男孩,女孩来月经会经历什么。由于基本性知识的缺乏,男孩对女孩的月经生理现象了解得少之又少。网上论坛常见的吐槽事件就是情侣之间,女生吐槽自己男朋友在其生理期时表现得如同白痴。这些也造成了男性和女性相处的一些矛盾。

让男孩了解女孩在经历月经生理周期时,可能会遇到的身体状况以及情绪变化,培养男孩的同理心,让男孩在成长中学习在一些特殊情景下应该如何照顾、体贴女孩,培养其拥有健康幸福人生的又一项能力。

这时,家庭中母亲或者其他女性长辈的经历,是男孩了解异性生理发育时所遇到的心理状态和活动的好例子。让男孩懂得女孩在经历这些身体状况时的感受,了解女孩情绪高低起伏的原因,以此来培养其尊重异性的品质,更有助于男孩建立良好的两性关系。

特别需要父母注意的是,帮助男孩了解异性的性征,是为了培养男孩自尊、理解、尊重他人的品质,不贬低女生的第二性征,也不自傲自己的第二性征。父母应跟孩子强调,虽然男孩女孩拥有不同的身体性征,但本质上男女是平等的。

父母需要自省是否有对女生的第二性征存在歧视性的偏见看法,留意不要把自己带有偏见性的语言和行为传递给孩子。

帮助男孩了解女性第二性征,传递平等、互相尊重的两性价值观,不自贬也不贬低对方,可以卓有成效地帮助男孩建立身体性自主权、性别平等和尊重的意识。

第五章 青春期应注意的性教育关键节点

儿子"娘娘腔"怎么办

假设一个场景:某中学某班的男生小峰因性格比较内向、文静,加上外表柔弱白净,说话也比较柔声细语,被同学取笑为"娘娘腔",班上许多男生(欺凌者)学小峰说话走路的样子,嘲笑小峰,某日故意把他的书本损坏,小峰哭哭啼啼地报告老师后,反被老师说:"一个男孩子哭哭啼啼像什么样子?"于是更加没有其他男生(旁观者)愿意和小峰一起玩了……

如果你是旁观者男生的家长,你会怎么回应?

如果你是欺凌者男生的家长,你会怎么反应?

如果你是小峰的家长,你会怎么处理?

在男孩、女孩成长的过程中,总会有某些孩子被冠以"娘娘腔""假小子"的标签,家庭中对男孩的"娘娘腔"标签和女孩的"假小子"标签有不同的包容度。总体来说,父母对男孩"娘娘腔"的样子会更加焦虑些,对男孩的一些所谓女性化行为表现更加不能接受,也常常会指责、奚落、

因为是男孩，更要补上这一课

贬低他们。

我们之所以会使用"娘娘腔""假小子"这样的标签，是因为脑海里已经固有了一套认为男性和女性应该有的社会性别特征，比如，男性就应该有阳刚之气，像个男人的样子，就应该外出打拼赚钱，就应该表现社会行为的攻击性和支配性。女性就应该温柔体贴会持家，就应该表现出对男性性别特征（攻击性和支配性）的顺从。

我们会使用这些标签，是因为内心对上述男女社会性别特征的认同。说到性别特征，我们的第一反应不是男女人体的生殖区别，也不是性染色体XY的区别，我们会指向性别性格气质特征和社会分工的区别。

作为父母，我们可以回想一下，小时候，当自己某些行为表现和性别固化印象不一致的时候，是不是总会受到家长的斥责和纠正。

在成长过程中，当看到有的男孩表现怯弱并哭哭啼啼的时候，家长是否会告诉你，不要学他那个样子；当有的男孩因为表现得"娘娘腔"而被成年人批评或者指责的时候，同伴男孩就会模仿成年人的言行，也会嘲笑他、攻击他，那些成年人并不会惩罚"欺凌者"，反倒会默许这样的行为，因为他们内心也是这样认为的。其他男孩刚开始或许在旁观，但当他发现大家都认同这么做的时候，自己内心虽然不愿意做出"欺凌"的行为，但为了获得集体圈子的认同，也同样这么做了。

在看起来顺理成章的情况下，这样的性别欺凌暴力就获得了认同。那么，被贴了"娘娘腔"标签的男孩，难道就应该承受这些欺凌暴力吗？

具有所谓"娘娘腔"性格气质的男孩在成长过程承受了更多的压力，情感会更加压抑。父母的态度对男孩的成长这个时候突显得特别关键，强迫孩子改变，会让孩子的负面情绪继续积累；若进一步发展，则会增加男孩出现心理问题或障碍的风险。

波伏娃说："女人不是天生的，而是被塑造成的。"同样，男人不是天生的，也是被塑造成的。

在历史长河里，这些社会性别特征从来就没有固定过，是随着社会和历史的发展而发展的，比如，现在的男性很少穿紧身裤，但早两个世纪前的法国，贵族男性会穿紧身裤。不只这些性别装扮，而且对女性、男性的社会规范要求也是随着社会的发展而变化的。

现代社会是一个男女平等、分工不同的社会，我需要提倡在对男孩和女孩的性别教育中给他们选择权，让他们可以按照自己内心的样子选择做自己，家长可以引导，而不是强迫和打压，男孩和女孩追求的应该是作为人应该拥有的美好品质。

回到文章开头的假设场景事件中，如果你是旁观者男孩的家长，我们需要让孩子懂得人的性格发育具有多面性，如果可以，应给予他人帮助和支持；如果不能，至少应该尊重他人，不做欺凌者。如果你是欺凌者男孩的家长，多问孩子一个问题，小峰所谓的"娘娘腔"有损害到他人吗？如果没有，我们应该学会尊重和包容。

如果你是小峰的家长，是否会有这样的心理：一边心疼孩子遭到同学欺负，一边又在恼怒孩子懦弱，同时，还在恨自己怎么生出个动不动就哭哭啼啼"娘娘腔"儿子，内疚、生气、烦恼、愤怒……一连串的复杂情绪萦绕在心头，于是想着用什么方法可以改变儿子？

家长首先要分清楚男孩子所谓女性化的行为方式是由天生的性格气质造成的，还是由后天特别的"异性错位抚养"方式造成的？

如果是男孩天生的性格气质，希望家长能明白，男孩如果阳光、刚毅、坚强、有力量……女孩如果温柔、体贴、暖心、文静……这些品质契合父母的期待，也契合社会对男性、女性性别角色特征的期待，是因为这些契合了人类大脑的发育情况。根据现代脑科学的发展，发现男女在大脑结构活跃区域确实有着显著的区别，但是，根据有关研究，人群中总有些例外。父母在想着如何改变孩子之前，应该先了解一下孩子的性格表现形成的原因有哪些。

第五章　青春期应注意的性教育关键节点

我在前面的章节中提到过，有研究数据表明，每五个"男性大脑"中就有一个男性拥有"女性大脑"，也就是说五个男性中有一个男性是感性和形象思维较好的。这部分随机的天分是男孩天生的意外天赋，某个五分之一的男孩的感性和形象思维较强，外在行为表现可能就是所谓的"女性性格"，比如文静、细腻、体贴等，这是上天的恩宠，家长顺应引导和培养，才是最好的方式，而不是强迫孩子违背天性去改变。

如果是因为家庭"异性错位抚养"方式造成的，也希望家长能够明白，形成"娘娘腔"的性格气质不是一朝一夕的，绝大多数是长期的结果，同样的道理，改变也需要长期的耐心指导。

父母需要懂得的另外一个重点是，男孩本身的女性化性格如温柔、体贴、文静等，并不会对孩子的成长有什么负面影响，相反可能带给孩子意想不到的人生收获。真正带给孩子负面影响的是因为这样的所谓女性化性格而遭受到的歧视、否定和排斥。

男孩并没有伤害他人，仅仅因为性格气质的原因，在成长中已经遭遇到环境的歧视和排斥，压力很大，这个时候假如父母对孩子也持否定态度，孩子又能到哪里去寻求力量？

消除和减少这些负面影响，首先，需要父母的接纳，父母的接纳和支持才是男孩在柔弱内心中产生力量的基础；其

因为是男孩，更要补上这一课

次，父母在真正接纳孩子的基础上，引导男孩如何看待歧视和排斥；然后，再寻找方法帮助孩子融入集体，交到朋友。这样，男孩即使外在"娘娘腔"，也可以在成长中获得力量和内在的坚强。如果孩子因为"娘娘腔"遭遇暴力欺凌，父母自当依法全力维护孩子的权益，为孩子提供安全保障。

"娘娘腔"也好，"假小子"也好，都不是问题。带来问题的是，人们因为对孩子性格气质的不接纳，从而否定、歧视、排斥具有和父母期待不一样性格气质的孩子，这才是父母在养育中应该真正正视的问题。

如何引导男孩的青春期爱恋

一堂青春期家长课堂结束后,一位焦虑的父亲向我咨询,他讲述了儿子小武的故事。

小武正读高二,原本成绩不错,但高二下学期成绩下滑得比较厉害,班主任认为若继续下去他可能考不上大学。后来,班主任了解到小武和隔壁班一个女生谈恋爱分心导致学习成绩下滑,和小武聊过一次无效后,于是班主任和家长沟通,通报了小武的状态。父亲很着急,和小武聊了几次。小武承认自己在谈恋爱,但很倔强,对于父母要求他和女生分手坚决不同意,直接表示"非卿不娶"。父亲讲了很多道理,但小武完全听不进去,认为让自己和女孩分开还不如不考大学。

这个时候,父母当然无法淡定,因为孩子学业重要。假如你是小武父亲,是不是也会一样又焦虑又无所适从?但假如你是小武,细细回想一下自己青春期的爱恋往事,会感觉如何?

成年人对自己青春期曾经的爱恋故事大多数记忆犹新,

偶尔参加同学聚会，还会对此津津乐道。这种回忆大多是人生中一段非常美好的记忆。心理学上有一种说法："过去都是现在的序曲。"青春期发生的初恋，不可避免地成为人生中非常重要的记忆，对以后的生活必然带来影响，有时甚至会改变我们的人生轨迹。

正因为知道这份影响出现在人生的关键节点，有可能改变孩子的人生轨迹，所以当我们成为父母，面对青春期孩子的爱恋问题，总也无法淡定。

另外一个让父母无法淡定的原因是，青春期孩子如果谈恋爱了，再也不会像小时候，将喜欢上幼儿园或者小学的小伙伴的事告诉父母。这个时候孩子即使说要和谁结婚，父母也是一笑而过，因为他们都清楚地知道，孩子这个时候爱的表白，就是纯粹的一种喜欢，因为孩子的性腺还没开始发育，和成年人爱的表白不一样，是不包含两性意味的爱。

青春期孩子的爱恋和小时候的表白完全不一样，他们的性腺、性激素快速发育，喜欢异性就是包含两性意味的爱恋。

当时我问了小武父亲一个问题："小武谈恋爱，你最担心的是什么？"小武父亲想都没想就说："当然是学习成绩下滑，影响考大学呀。"

我继续问："没和孩子聊过谈恋爱如何对待性关系的问

第五章 青春期应注意的性教育关键节点

题吗？"小武父亲摇摇头，显得懵头懵脑。

小武的父亲对儿子谈恋爱关注的焦点其实反映出大多数父母的态度，父母最担心的不是男孩谈恋爱这件事，担心的是孩子因为谈恋爱而影响高考成绩。

反过来，女孩的家长会更加担心谈恋爱这件事本身，除同样会担心影响女孩的学业外，会更关注女孩在谈恋爱的过程中对性冲动的控制问题。父母一般认为如果怀孕的事情发生，对女孩子来说更是毁灭性的打击。

正是因为有了这么多担忧，大多数父母对青春期孩子谈恋爱是持反对态度的。

作为父母，一方面，不赞同青春期孩子谈恋爱，另一方面，又知道假如孩子谈恋爱了，也是无法阻止的。有的孩子或许不会像小武这样倔强，当面和父亲对抗，表面上会答应分手不谈恋爱了，但依旧会和女孩偷偷来往，只不过慢慢转到地下，避免让父母知道。至于恋爱会给孩子成长带来什么样的结果，也只有听从所谓缘分发展了。

最后只能说明，父母的反对无效。

那么，父母可能急了，反对无效，总不能正大光明地支持孩子谈恋爱吧？因为经历过青春期爱恋的成年人以过来人的经验都知道，大多数初恋是没有结果的，何况谈恋爱这件事已经影响到孩子高考这样的人生大事了。怎么办？

学习和高考是青春期孩子的主要任务，但父母忘了，青春期也是孩子如何认识、看待两性情感的关键发育时期。性心理的成长在这个阶段蓬勃发展，他们想知道爱情是什么样子的，两性之间是如何相处的，底线在哪里，性荷尔蒙冲动如何控制。这些都应该是让孩子去探索和学习的一部分，这些认知学习对孩子的影响不亚于高考对孩子人生的影响。

明白了青春期爱恋对孩子成长的重要性，想在两性关系上对孩子做一些引导的父母，又有多少父母有自信，孩子谈恋爱了或者失恋了会告诉自己？

我在一堂"青春期家长"课堂现场问过，大约有三四成的父母举了手，有自信孩子谈恋爱后会和自己讲。

相同的问题我在"高中学生"课堂上，也做了一个简单调查，问他们："假如你们有了喜欢的异性，恋爱或者失恋了，你们会告诉父母吗？"没有一个学生举手！

这说明如果早恋被父母知道，都是被动知道的。把结果告诉正在课堂上的父母，父母自己都笑了。

有的孩子和父母亲子关系不错，偶尔也会聊到这个话题，会告诉父母有同学谈恋爱的情况，然后父母有个错觉会以为孩子自己遇到问题也会告诉他们。

这里分析一下这个有趣的现象：孩子们不会和父母说自己谈恋爱的事情，但会和他们聊自己同学谈恋爱的事情，为什么呢？难道仅仅是八卦，增进一下亲子关系？

家长容易过于自信，也常常小看了青春期的孩子。当一个青春期的孩子和你说起某个同学谈恋爱的时候，这里需要提醒一下父母，他（她）其实在试探你的态度！

不信，家长可以仔细回忆一下，孩子和自己讲同学谈恋爱的时候，你的反应是什么？

如果你反问一句"你有谈吗？"孩子基本上是马上否认；如果你问了一句"有无影响学习？"孩子马上将问题转移到学习上；如果你觉得可以使用"打太极"，你来我往的方式把问题抛回去，问一句"你怎么看？"孩子会马上说还是学习重要些；如果你顺便评论一句，即使夹杂一丁点看法，孩子也明白了马上会转移话题……

这个时期，孩子领会父母态度的敏感度会比父母领会孩子态度的敏感度强很多倍，往往孩子早已经领会了父母真实的态度，而父母还处在迷之自信的状态中。

引导青春期的孩子如何对待恋爱，如何对待两性，谈何容易？

父母需要明白，不是自己期望或者表现的态度在影响孩子，而是你自己内心真实的想法和态度在影响孩子。

孩子情感的发育，在青春期有其应有的任务，也有其本来的规律。父母顺势而为，把孩子的任务交还给孩子，才能

因为是男孩,更要补上这一课

正确引导孩子。

在前面的章节中,我曾说过:"青春期(12岁至成年),河水丰盈(性生理成熟),河堤(性心理、性道德、性审美、性边界)进一步夯实并接受主流社会积极的性价值观,遵守性道德底线,尊重个体性边界,接受个人性审美不同,那孩子走向幸福的人生又多了一块牢固的基石。"

面对孩子日趋成熟的性发育,需要"进一步夯实的河堤",有许多组成部分,爱恋是其中一块基石。需要父母放手,让孩子自己去体验,只有孩子才知道这块基石放在什么位置最合适。

父母能做的,是帮助孩子夯实恋爱中的性之河堤,其他就交给孩子自己吧。

小武父亲面对的困扰,你是否也遇到过?他要怎么做,才能解开青春期爱恋的难题?我们在后面的章节中会讲到。

不支持不反对，
帮助男孩建立爱的边界

爱恋是孩子成长中不可或缺的基石，但其安放的位置只能是孩子自己才知道，是因为这个爱是个人的体验和感受。父母可以为孩子提供许多的物资条件，也可以给孩子我们的爱，唯独无法代替孩子去感受和体验爱。

我们唯一可以做的就是，帮助男孩理解什么是男性对爱的担当？

首先，对于已经开始谈恋爱的孩子来说，不能堵，只能疏。不能堵的意思是说，父母不能表示反对，不能要求他马上分手。因为恋爱心理学中有一种叫"罗密欧和朱丽叶效应"（the Romeo and Juliet Effect）的现象。

这是德国心理学家德斯考尔等人在对爱情进行科学研究时发现的，提出"在一定范围内，父母或长辈干涉儿女的感情，这对青年人之间的爱情也越深，即如果出现干扰恋爱双方爱情关系的外在力量，恋爱双方的情感反而会更强烈，恋爱关系也会变得更加牢固"。

在莎士比亚的经典名剧《罗密欧与朱丽叶》中，罗密欧与朱丽叶相爱，由于双方是世仇，他们的爱情遭到了两家的极力阻碍，但压迫并没有使他们分手，反而使他们爱得更深，直至殉情。在现实生活中，我们也常常遇到这种现象。父母的干涉非但不能减弱恋人之间的感情，反而会使之增强。父母的干涉越多、反对越强烈，恋人相爱得越深，但最终，婚姻却经常是以悲剧收场的。

这种"罗密欧与朱丽叶效应"现象在青春期男女恋爱关系中表现得更加明显，因为青春期正好是人独立自主意识的心理发育关键期，孩子们格外不愿自己被人控制，一旦父母越俎代庖，要求孩子遵从自己的意见并且把意见强加给他们的时候，孩子们就会感到自身受到了威胁，从而产生一种抗拒心理，排斥父母，同时，更加喜欢自己要被迫失去的人，双方情感急剧升温，身体紧密度更高，发生性关系的可能性更大。

假如父母的目的是想让孩子可以理性思考恋爱问题，那么在行动方式上就越不能反对，越不能要求他分手，否则就会适得其反。

第二，尊重、接纳孩子的感情，为孩子可以体会到初恋的美好而衷心祝福。青春期的爱恋在父母眼中是不成熟的，而这不成熟的初恋却是美好的，是每个人难以忘怀的宝贵记忆，过去是现在的序曲，这是人的一笔宝贵精神财富。

"春风动春心,流目瞩山林",青春期自会有青春的萌动,会对异性产生好奇,对心仪对象会有怦然心动的感觉,但是否会谈恋爱,还真的不确定。青春期的孩子谈恋爱是一个概率事件,每个男孩都存在青春期恋爱的概率。父母开明通达,不代表孩子谈恋爱的概率就高;父母严防死守,也无法确保孩子不会遇上恋爱缘分。这是一个随机发生的事件,不以父母的态度、意志为转移。

父母只有真正做到尊重、接纳孩子的感情并为孩子的成长而欣慰,才有可能获得孩子的信任,才有可能帮助孩子理性思考爱,而不是由于青春期爱的懵懂、性的冲动冲昏头脑,造成一些无法挽回的结果(比如造成女孩怀孕)。

第三,父母有针对性地提前查漏补缺,才能有效帮助男孩筑起"性之河堤",做好底线教育。青春期孩子性的发育,加上感情升温,发生性关系的可能性随时存在,只不过在现实中,往往是因为孩子在这件事情(性行为)发生的时候,不知道如何自控,不懂得如何避孕,甚至不知道发生性行为会怀孕……

父母需要接纳已经发生的早恋事件,顺势而为,帮助孩子筑好"性之河堤"的底线教育才是关键。因为对于青春期孩子来说,不论是男孩还是女孩,即使发生了性关系,也不希望女孩怀孕。在这一点上,父母和孩子的期望应该是一致的。父母一方面需要表明自己的态度,希望孩子成年之前不发生性关系，但同时也应该清醒地认识到，对孩子的避孕教育应该做到位，并不能因为自己家的是男孩，就可以放松警惕。

当孩子已经发生遗精的生理现象后，就不能再把孩子当作娃娃看待，孩子需要了解，当自己遗精后，就有做父亲的生理身体条件了。有的父母担心主动告诉孩子有关性交知识会勾起孩子的好奇心，担心孩子会尝试。实际上正确的性交知识并不会激发孩子的好奇心，反倒是色情图片或视频等充满感官刺激的不良性交行为信息才会勾起孩子的好奇心。

家长需要明确告诉男孩，发生没有保护措施的性行为是一件非常危险的事情，对于未成年人怀孕造成的危害后果需要明确让男孩了解。这些危害不仅包括对女孩身体的危害，也包括对男女双方心理上的危害，还包括可能带来的经济赔偿方面的损失等。如果男孩对一件事情可能造成的后果有足够的认识，他在决定做这件事之前就会有更充分的思考，也会更加慎重。

第四，帮助男孩理解怎么珍惜爱，怎么对爱负责任，激发男孩的进步动力。当男孩还处在恋爱的甜蜜期时，正是和孩子讨论什么是爱之真谛的好时机。

两性之爱是美好的，需要孩子去探索和体验，但作为父母完全可以趁这个机会和孩子讨论一下，爱情是什么？这个时候，需要父母传递给孩子。真爱是需要和责任联系在一起的，而当男孩明白需要承担责任的时候，他才会思考现实中的担当。只有当孩子明白责任的意义，对真爱有了理解，出于对爱情的憧憬，在当下甜蜜的恋爱期才能找到学习和进步的内在动力。

当小武爸爸愁眉苦脸的时候，我当时就恭喜他了："多好呀，你儿子找到了真爱，并且决心'非卿不娶'，多少人一辈子都不一定会有这样的体验。"

恭喜他之后，我按照上面的几种情形给了建议："作为父母，接纳尊重孩子的感情，即使是不成熟的爱情，也是美好的。只有接纳和尊重，你才可能取得和孩子沟通的机会，不然，当孩子把父母当作自己爱情的对立面，作为父母就不可能有下一步的引导。和孩子建立信任之后，好好和孩子谈谈什么是爱情，真爱意味着什么，假如都到'非卿不娶'的地步了，那更应考虑给自己爱情什么样的呵护和责任，分析一下高中毕业和大学毕业就业的差距，我想你不需要再提什么要求了，孩子会自己思考的。"小武爸爸按照我的建议进行尝试，后来，小武重新认真投入高三的学习备考中了。

最后，我想再强调一下，青春期的爱恋是美好的，父母需要放手，让孩子自己去体验，给孩子做好底线教育，引导孩子理解什么是爱之真谛，其他的就交给孩子自己吧，毕竟只有孩子才知道这块爱恋的基石放在什么位置最合适。

因为是男孩,更要补上这一课

让男孩懂得性和责任应该在一起

社会上流传着一句俗语"男人都是下半身思考的动物"。先不评论这句带有偏见的俗语本身的对和错,其实这句话反映了一个社会认知现象,就是认为男性在对待性这件事情上相对比女性更随意和冲动,在某些情形下往往为性而性,而不需要以更多情感为前提。

这样一个社会认知现象,契合了大众普遍认为的对男性在性冲动控制方面处于放任的态度,对男孩在性教育上宽松回避的态度,让男性更容易尝试高风险性行为,所以也带来另一些社会后果。

作为父母,希望男孩在成长过程中可以逐步习得获取健康幸福人生的能力,性的健康成长必不可少。那也就需要父母觉察和改变对男孩性教育的宽松回避态度,主动为之。

首先在认识性这个字上,我们就可以主动做文章。中文博大精深,我曾经在一个青春性教育的讲座中和孩子们对性进行拆文解字。

第五章　青春期应注意的性教育关键节点

"性"是由竖心旁的"心"和"生"组成的。"生"有"出生、生产"之意，对于动物和人来说，出生和生产就意味着新生命的到来，是生命之源。但在新生命到来的"生产"之前需要先有"心"，意味着先要有感情，即先要有感情，之后才会有"生产"之事。

这个字的本意就是说，男女之间先有了感情，在一起后，会有新生命的孕育、出生。这才是性的本意。一个婴儿降生了，带着对生命的尊重和崇敬，我们的心情是喜悦的、幸福的、充满希望的……而这一切的前提是因为有"性"。"性"是我们的生命之源，是一件美好的事情，是作为一个人自然而然去追求和寻觅的事情。这也是人类自古到今，用尽所有赞美的语言来讴歌母亲的深层文化原因。

在我和孩子们拆文解字后，发现孩子们对"性"这个字的理解能够提升到对生命的理解。某种意义上，对自己的"性"负责任，也就是对自己的生命负责任。这才是父母应该传递给男孩在对待性态度上的责任意识。

青春期的孩子性腺快速发育，对性探索的冲动也是空前高涨，因为父母在日常的教育中，大多数会鼓励男孩在生活的各个方面都应该积极主动，这也潜移默化地影响了男孩对性方面的主动探索行为，即使这些积极主动的探索行为可能会回避父母。

在男女两性关系上，多数男孩更主动，正因为这个自然主动的趋势，作为父母更需要向男孩强调——性应该和责任并存。

父母知道男孩在身高、体重、强壮度等方面比女孩更有优势，也更容易在性冲突中掌握控制权、支配权，所以在两性对性的决定权和处置权上，男孩更有隐形的优势。常有父母在对待男孩谈恋爱的问题上，持有"我家的是男孩，反正不吃亏"的态度，也正是基于男孩在性上有这个隐形优势。

男孩在追求喜欢的女孩过程中，是基于女孩的女性魅力的。这里必然包含性的吸引力，喜欢一个人的表达方式可以是书信，也可以是为对方做一些事情，等等。一个人付出爱，从人的本性上说，都希望对方能接受，然后进一步也希望对方有表达喜欢的行动。两人在两情相悦时，男孩在性方面的克制和尊重就是负责。

每个人对爱都有自己的理解，也有自己不同的表达方式，付出爱的方式和期待得到爱的方式，可以说人人不同。

你付出的爱如果恰巧是对方想要的，那就是两情相悦，但如果你付出的爱不是对方想要的，那就会产生冲突。

第一个重点是当你喜欢一个人的时候，有追求对方和表达爱的权利，但没有强迫他人接受的权利，更没有伤害他人的权利。如果你喜欢一个人，爱一个人，就不要强迫他、伤害他。当在情感没有取得共鸣的时候，两人在相处中有冲突时，男孩在性方面的克制和尊重女孩更是对自己和别人负责的态度。

第二个重点是关于男孩在性方面的自我探索的界限问题，不伤害自己，就是对自己负责。比如，父母看到男孩自慰或者观看成人小电影时，也很少主动去纠偏教育，往往忽视男孩在性方面应该保持谨慎的态度。父母这种宽松回避的态度，往往会导致男孩在青春期去追求一些身体额外的刺激感受。假如男孩有沉迷自慰的情形，或者尝试模仿非常规的性交行为等，都是对自己不负责任的行为。对自我性行为的过度探索，虽然没有伤害到他人，但会对身心造成伤害，所以孩子需要谨记不可伤害自己。

男孩不论是面对自己个体的性还是和他人相处时面对两个人的性，性都应该是克制和尊重的，这才是对性、对生命负责任的态度。

第三个重点是让男孩懂得性的边界需要遵守法律底线，应该尊重他人和自己，掌握必要的法律知识。性的边界需要遵守法律底线，因为猥亵、强奸等行为都是需要承担法律责任的，若男孩懂得这个底线，知道事情的后果，就更能够在冲动的时候保持自律和克制。

当懂得性应该和责任连在一起时，男孩就能够用理性来

思考，用理性思维来控制身体的冲动。这样，当男孩成为男人的时候，就不会是"下半身思考的动物"了，而是一个知晓自己行为结果，能够承担责任的男人。

和男孩讨论一下
裸体色情和裸体艺术的区别

父母担心青春期孩子被色情的文字、图片、视频等吸引，会选择严防死守，但现实情况却常常防不胜防。大众媒体相对受控，但随着互联网的普及，这些色情信息随处可见，孩子如果对充满色情的裸体图片和视频没有一定的辨别能力，很容易沉迷其中。

裸体不只在色情行业中常见，在艺术（特别是绘画艺术）中，裸体绘画更是常见，成为经典艺术人物的男女裸体形象更是数不胜数。

有的父母对裸体艺术还抱有偏见，把裸体艺术一并归入色情一类，认为"伤风败俗"，甚至对学校的一些艺术教学活动也持有异议。

实际上，父母的反对和禁止非但不会起到预期的效果，反倒会进一步激起孩子对裸体的好奇心。正面裸体艺术鉴赏没有被普及或者传播受阻，转而在网络上随意传播。

因为是男孩，更要补上这一课

有的父母心里清楚，裸体可以是艺术的，也可以是色情的，认为成年人分辨尚且要想一想，对于辨别力不高的青春期孩子，只能严防死守，实在不敢相信他们的自控能力。

父母的担心有一定道理，但问题是我们对孩子可以接触到裸体色情信息的渠道，真的可以做到360°无死角防护吗？即使父母做到360°无死角防护，孩子也总有一天要走入社会，也还是会接触到色情信息，他会一下子就提高辨别力吗？

裸体本身是一种客观存在，但在我们的生活中为各种文化所异化了。

当裸体作为色情文化传播时，它会着重挑起或激发人的性欲，刺激人的感官感受，成为使观看者产生性兴趣、性兴奋、性欲望的事物；而当裸体作为艺术文化传播时，它会着重唤醒人对美的感受和对情感的共情，成为人文历史中超越性欲望的艺术品。

色情和艺术之间有一个共同的基础——对人体裸体的再加工。再加工后所呈现的样子给人的视觉感受和意义是不一样的。

父母需要让孩子锻炼他的辨别力，增加他们的见识和审美能力。特别是面对裸体，可以辨别什么是色情，什么是艺术，如果能提升对裸体艺术的审美水平，也就可以增强抵抗

第五章 青春期应注意的性教育关键节点

色情诱惑的能力。

父母无法给孩子自己没有的东西,对艺术的审美(特别是对裸体艺术的审美)也是。分辨其中的差别,需要父母提高自己的性审美修养,假如父母也同样还不具备,不如放下成见,寻找资料和孩子一起学习讨论。

我在一堂初三学生的性教育课上和大家分享裸体在色情和艺术上的区别,有以下几点不同:

色彩不同,色情图片背景灰暗,颜色诱惑;经典绘画作品色彩明亮,感觉舒服。

眼神不同,色情图片人物眼神表情都比较迷离,充满诱惑的意味;经典绘画人物的眼神或纯净,或忧郁,或充满希望。

比例不同,色情图片人物的屁股弯曲角度特别突出;经典绘画人物屁股表现各不相同,但位置和人体比例是和谐的。

意境不同,色情图片总体上看比较低级,以引诱为主;每一幅经典绘画裸体作品表现的意境都不一样,有对生命力的彰显,有对生活困苦的忧郁,有对希望和力量的表现……

男孩通过对经典艺术作品人物裸体,比如,男性裸体大卫的雕像、经典艺术女性裸体维纳斯的鉴赏,可以增强对男性身体的接纳,同时,也可以消除对女性身体神秘感的好奇

心。另外，通过艺术修养，提高对美的鉴赏水平，孩子可以更有能力分辨色情和艺术的区别，增加自觉抵抗色情诱惑的能力。

父母也不可小瞧色情信息对青春期孩子的诱惑力，色情信息以调动和刺激人的感官为目的，使观看者产生性兴趣、性兴奋和性欲望，而青春期孩子正处在性腺发育旺盛的年龄阶段，对充满诱惑的信息有时难免会抵抗不住，容易沉迷其中。

父母没必要严防死守，但放任不管也是不可以的。

在家庭中父母做好家庭的绿色上网设置，和孩子约定智能手机的使用规则并监督遵守，关注孩子所玩游戏、经常浏览的网站里面是否有色情信息并加以筛选，加强对孩子的性道德、性隐私观念的引导。这些都是有利于培养孩子对色情信息抵抗力的做法。

父母放下成见，和孩子一起坦然面对裸体这个客观事物，帮孩子解读它的不同方向和意义，与孩子一起提高对裸体艺术正面意义的鉴赏能力，增强对裸体色情的抵抗能力。

见到男孩在看成人小电影，父母如何回应

成人小电影在现实生活中是一个不可回避的客观存在。所谓成人小电影，通常是指纯粹为了激发观众性欲望的影视作品或者片段，包含人体过度暴露画面，由于这类影片对未成年人身心健康有害，不适宜未成年人观看，在很多国家是受到分级管制的。

我们国家暂时还没有影视作品分级管理制度，国家和社会管理层面对各类色情活动也持续大力开展打击活动，但互联网的普及，手机、电脑已经差不多是现代社会中人们的标配，现代生活环境决定了我们无法杜绝这类色情信息。网络的发展，让这类信息在生活中随处可见，父母对男孩性教育相对宽松回避的态度，也让男孩特别是青春期男孩更容易获得这方面的信息。

男孩在青春期，一方面性逐渐发育，另外一方面主要控制理性的大脑额叶皮层却滞后一步发育，孩子的价值观、自控能力都还处在成长中，观看激发性欲望的成人小电影会给

未成年人（特别是男孩）带来身心方面的危害。我在工作中也确实发现过不少因为沉迷成人小电影无法自拔而导致的未成年加害者强奸案件。这些虽然是一些极端案例，但足以说明未成年男孩沉迷色情信息的危害。

作为父母，无法阻止孩子使用手机和电脑，也无法阻挡网络渗透我们的生活。可以这么说，男孩在成长过程中接触或者观看成人小电影已经是一个很普遍的现象了。

一次应邀参加初中学生的家长会，就男孩看成人小电影的问题进行讨论。在座的父母满怀焦虑，担忧重重，对色情小电影义愤填膺，气氛激烈。我说："打断一下，爸爸们，从来没有看过成人小电影的，可以举一下手吗？"这时候，爸爸们互相看了看，相视笑起来。我补充了一句："大家不都生活得好好的吗？"

成人小电影确实会对孩子的成长带来不利影响，但父母似乎也用不着焦虑到把这类成人小电影在孩子的生活中清除得干干净净，当然，事实上也无法将它们清除得干干净净。

作为家长，当无法禁止孩子看成人小电影时，就可以把重点放在培养孩子对成人小电影的辨别判断能力上。因为越禁止越好奇，"潘多拉效应"造成的结果是对孩子的刺激越大，形成的不良后果越严重。

我们假设一个日常生活场景：父母计划外出一整天，告诉了读初中的儿子，儿子很乐意一个人在家一整天，答应了父母所有的叮嘱，然而父母提前回家，撞破儿子在房间用电脑看成人小电影……或许儿子还在自慰……这个时候场面一度陷入尴尬中……

混乱、尴尬的场面过后，是指责？是批评？是假装没发生？还是严防死守？对于父母来说，也是一场考验。事实上，这些情形的出现都在提醒父母，对男孩的性教育迫在眉睫。

父母假如看过成人小电影，都知道成人小电影出于吸引观众的需要，往往会以夸张的甚至错误的方式来呈现男女身体生殖器以及性交场景，而这一点往往会对性朦胧又好奇的男孩造成一些错误认知，误以为现实生活中男女的生殖器外形和性生活就是如此，这样会给孩子带来极大的困扰，个别极端的孩子还会因此犯罪。

网络论坛上曾经有个帖子，一个男生写下对自己的生殖器外形自卑的经历。原来男生在读中学的时候，看过一些成人小电影，以为男性的生殖器勃起状态就是那个样子，但他发现自己的生殖器勃起时有点弯，认为自己的生殖器状态是畸形，一直暗暗自卑又不敢就医，也因为这个原因上大学不敢追求喜欢的女生，过了很多年才终于明白，每个男人的生殖器大小和形状都有区别，自己的情况是正常状态。这个时候，他才恍然大悟，原来成人小电影呈现的生殖器才是特殊个案，甚至是利用拍摄技术达到的特殊效果。

这么一个帖子居然后面评论跟帖无数，许多男性都讲述了类似的心路历程。跟帖中有一句话很经典："看小黄片是不太好，但是不看小黄片，我就啥都不知道。"

对于青春期的男孩而言，父母的当务之急并不是阻止孩子观看成人小电影，而是提升孩子的辨别判断能力。孩子们对性的认识不再是空白的，作为父母想帮助孩子提升对色情信息的辨别判断能力，首先，家长自己要明确地知道，成人电影中反馈出的性信息，哪些是不符合现实常规生活状态的，哪些是有失偏颇的，甚至是错误的。

对于充满好奇心，模仿心强的青春期孩子来说，在这里需要父母传递给孩子一个关键认知，就是成人小电影中的各类情形和现实是不一样的，看看就好，千万不要模仿。

孩子在网络上可以轻易获得成人小电影等色情信息，同样，父母在网络上也可以找到科学的性教育视频，也可以找到关于成人小电影如何拍摄出特定效果的揭秘视频资料，比如，性爱声效利用喇叭如何配音、体液如何用化学品合成等。这些解说解开了谜底，孩子会觉得有趣又降低了对成人小电影产生的感官刺激，同时，也提高了辨别判断能力。只不过这部分资源需要父母主动找出来和孩子一起分享，并补上科学的性知识。孩子懂得来龙去脉后，自然就知道如何判断，因此也就不再对成人小电影沉迷。

另外，孩子所玩的游戏也常常充斥着这类过于暴露身体性器官或性交的图片或动图，这类信息不亚于成人小电影等对人的感官刺激，对孩子的影响同样不可忽视。父母应该关注这些，提升孩子的辨别、判断和控制能力。

因为是男孩,更要补上这一课

帮助孩子了解艾滋病等性传染病的基础知识和防护途径

艾滋病及其防治工作近年来因为国家重视,宣传力度加大,家长和青春期的孩子都有一定的了解。根据国家卫健委疾病预防控制中心2019年公布的数据来看,从统计的新感染人数人群年龄分析,艾滋病的新感染情况呈现明显的"两头翘"趋势。所谓两头即指学生和老人,而新感染艾滋病的学生绝大部分是通过性途径传播感染,主要在15~24岁,且男性多过女性。

现实生活中,父母对于这部分疾病的认识是:"那些都是别人家孩子会得的疾病,我家孩子不会得。"正是这种心存侥幸的心理,以为孩子不懂也无所谓,但事实是即使孩子确实不懂,也依然存在风险。在某些父母无法掌控的条件下,孩子酿成悔之莫及的后果。

父母若在这方面的预防教育多费点心,就可以大大降低孩子被感染的风险。

在和孩子聊艾滋病或其他性传染病的话题前,父母需要以尊重的态度告诉孩子,自己对未成年人发生性行为的价值观和态度。父母可以表达和传递自己的性价值观和态度,但不能强迫青春期的孩子完全接受和遵守,只能以增长孩子的见识和认知为目的,把这些性观念逐渐内化成他们自己的自控能力。

首先,父母需要表达自己的态度,是赞同孩子在成年之前发生性行为,还是希望孩子以后拥有一段成熟的恋爱关系后,再决定是否发生性行为;其次,就可以借此机会和孩子谈谈避孕、预防艾滋病以及其他性传染病的事情了。在和孩子谈之前,家长需要提前了解一些预防艾滋病和其他性传染病的知识,待做好准备工作后,再和孩子交流。

父母需要重点让孩子了解艾滋病和其他性传染疾病的传播途径、危害程度、预防方式。

1975年,世界卫生组织把性病的范围从过去的五种疾病扩展到各种通过性接触、类似性行为及间接接触传播的疾病,统称为性传播疾病(Sexually Transmitted Diseases,STD)并根据疾病的传染性和严重程度,将其分类为四级,一级性病:艾滋病;二级性病:梅毒、淋病等九种;三级性病:尖锐湿疣、生殖器疱疹等十二种;四级性病:梨形鞭毛虫病等五种。

艾滋病又名获得性免疫缺陷综合征(AIDS),是一种对人体危害非常大的疾病,主要通过血液、性接触、母婴三种

途径传播。

另外一些性传染病如梅毒、淋病等对人体健康的损害是多方面的，感染性传染病后如果不能及时发现并彻底治疗，不仅会损害人的生殖器官，导致不育，而且有些性病还会损害心脏、大脑等人体的重要器官，甚至导致死亡。

在了解关于艾滋病和主要性传染病的基础知识之后，以下几个方面的知识点是需要重点传递给孩子的：

（1）有许多性传染病包括艾滋病都是通过无保护的性交或性接触传染的，口交也会传染。

（2）艾滋病以及其他性传染病有明显的高危人群。在社会人群中，卖淫嫖娼、性伴侣多的人，他们的发病概率明显高于普通人，被称为高危人群。

（3）正确使用避孕套只是提供了一种相对安全的保护方式，只有洁身自好才是预防艾滋病等性传染疾病最佳的方式。

（4）没有必要恐慌，艾滋病和其他性传染疾病并不会通过普通人际交往接触而被传染。

（5）当怀疑自身感染性病的时候，一定要到正规医疗机构寻医求助。

虽然并不是每一例艾滋病或其他严重性传染疾病感染者

都是通过不洁性行为感染的，无论是男孩也好，女孩也好，起码父母应该教会其掌握基本的相关知识，不心存侥幸，也不存畏惧之心，只要洁身自好，就能极大降低被感染的概率。

第六章

男孩也需要提高自我保护意识和能力

章|节|寄|语：

忽视男孩在性方面的自我保护意识和能力的培养，不仅会让男孩在成长过程中增加受伤害的风险，而且也增加了其成长为"潜在性侵犯者"的风险，因此这部分内容父母不应忽视。

因为是男孩，更要补上这一课

什么是儿童性侵犯

或许，父母一般会认为女孩才会遭受性侵犯，男孩不会，自家养育的是男孩，所以不担心也不害怕。

但我想将三方面数据统计给家长们看看：

第一方面数据来源是龙迪教授的《综合防治儿童性侵犯专业指南》（以下简称《指南》），《指南》中写道，世卫组织全球预防暴力状况报告指出每5名女性中就有1名，每13名男性中就有1名遭受过性侵。这是2014年的数据。近年来，研究数据是每10名男性就有1名遭受过性侵。

第二方面数据是根据近几年来中国少年儿童文化艺术基金会女童保护基金（以下简称"女童保护基金"）颁布的《年度性侵儿童案例统计及儿童防性侵调查报告》统计，女童遭受性侵的比例在90%以上，男童占比5%～10%。

最后一方面数据是我自己工作实践接触到的性侵未成年人刑事案例统计数据分析，女童遭受性侵占比达90%以上，男童遭受性侵也存在个案。

第六章 男孩也需要提高自我保护意识和能力

我想,家长从这三个不同维度的数据统计中应该也可以得出这样一个结论:遭受性侵的虽然大多数是女童,但也有男童。

另外一个事实是,性侵事件有受害者就有加害者,而性侵犯加害者的性别绝大多数是男性,其中有相当一部分属于恋童癖患者,并且"有研究表明,大约65%恋童癖患者在童年遭受过性侵犯"。这部分研究数据是没有在上面的统计中的。

在犯罪学里面有个叫作"犯罪黑数"的概念。这是什么意思呢?简单地讲,就是"指一些隐案或潜伏犯罪虽然已经发生,却因各种原因没有被统计在官方正式的犯罪数据中,对这部分的犯罪估计值叫犯罪黑数。"根据有关研究,性侵犯罪的犯罪黑数比一般犯罪黑数要高,也就是说,还有许多性侵案件因为各种原因没有曝光所以没有统计在内,而根据相关研究表明,男孩在童年时代遭受过性侵的不在少数,但曝光率更低。

现实生活中,女孩遭受性侵的比例比男孩要多得多,需要我们花主要精力去做预防教育,但男孩遭受性侵的情形也不可忽视。另外,做好男孩防范性侵的教育,也可以有效地减少我们的男孩成长为性侵加害者的风险。

作为父母,应该改变因为养育男孩就忽略对孩子进行预防性侵犯教育的观念和做法,对男孩、女孩都做到全面的预

因为是男孩,更要补上这一课

防性侵教育才是正确的。

根据《联合国儿童权利公约》给出的定义,未成年人是指18岁以下的任何人,包括我们平常所说的"儿童"和"青少年"。18岁以下,也就是法律意义上的未成年人,都需要成年人的保护。

对于"儿童性侵犯",世界卫生组织的定义是:"尚未发育成熟的儿童参与其不能完全理解,或无法表达知情同意,或违反法律,或触犯社会禁忌的性活动。对儿童进行性侵犯的人可能是成人,也可能是年龄较大或相对比较成熟的其他儿童;他们相对于受害者在责任、义务或能力方面处于优势地位。"

国务院妇女儿童工作委员会办公室在2014年颁布的《儿童暴露伤害预防与处置工作指引》中对"儿童性侵犯"也有定义,其中包括两类行为,一类是《中华人民共和国刑法》(以下简称《刑法》)规定的性犯罪行为;一类是《刑法》没有规定但是侵害儿童性权利、危害其身心健康的行为。

通常,家长接触相对较多,也比较能够理解儿童性侵犯罪是针对儿童的性犯罪行为,"主要包括强奸,猥亵,引诱、容留、介绍儿童卖淫,组织强迫儿童卖淫以及向儿童传播淫秽物品等危害儿童身心健康的行为。"(国务院妇女儿童工作委员会办公室,2014年),这类案件媒体曝光相对较多,且被害人大多数是女孩,性质比较恶劣严重,家长会比

第六章 男孩也需要提高自我保护意识和能力

较在意，平时也会格外叮嘱女孩多注意防范。

《刑法》没有规定但仍属于侵害儿童性权利、危害其身心健康的行为有哪些呢？家长常常有疑惑，什么样的行为属于这类儿童性侵犯行为呢？

第一种，是指性侵犯者没有进行武力强迫，但利用"在责任、义务或能力方面处于的优势地位"对儿童进行了性活动，即使是自愿的，也属于性侵犯。比如，引诱已满十四周岁不满十八周岁男童进行猥亵；引诱或者利用其他方式让年满十四周岁不满十八周岁女孩自愿与他人发生性关系而受到伤害的情形。因为法律对强奸罪和猥亵儿童罪有明确的规定，这类情形不属于刑法意义上的性犯罪行为，但不论是对未成年男孩，还是未成年女孩都会造成心理伤害。这类案例中，表面上看，儿童（14～18周岁）是自愿的，实际上性侵犯者常常利用自己的优势地位，使用一定的心理操控术，往往对被害人的心理造成不可磨灭的伤痕。

第二种，是指虽然没有身体接触，但针对儿童做出的，或让儿童卷入无法判断的性活动，属于性侵犯行为。这些行为因为情节或者其他原因，没有达到《刑法》意义上的性犯罪行为，对儿童的身体不一定有直接伤害，但一样会对他们造成心理上的伤害以及身体上的间接伤害。比如媒体曾经曝光的"恋童癖"案件中，向儿童暴露生殖器，引诱、鼓动或强迫儿童观看色情电影等淫秽物品或者让儿童观看成人性活动,偷看儿童洗澡、上厕所、换衣服,让儿童裸露隐私部位,做出性意味的动作,利用互联网引诱儿童参与色情活动等。在这些行为中,性侵犯者都没有和儿童身体有直接接触,但对儿童的心理以及身体发育都会造成不良影响,伤害在所难免,因此家长们不可大意。

第三种,是指发生在儿童之间的彼此同意的性活动。这种情况需要具体分析,可能是性侵犯,也可能不是,需要父母留意分辨。《刑法》规定对强奸罪负刑事法律责任年龄是十四周岁,其他的性犯罪比如猥亵儿童罪负刑事法律责任年龄是十六周岁。对还没达到负刑事责任法定年龄的未成年人,他们之间发生的性活动可能是性侵犯行为,常常有年龄较大的孩子利用一定的年龄优势,对更小的儿童进行性侵犯。

这一点是基于未成年人在心智上还没有发育成熟,特别是处于性侵事件中弱势地位的一方,是需要家长的保护和照顾的。年幼的孩子即使表示同意,但对自己行为的后果并没有清晰的认识,也不具备相关知识,更无法判断后果,所以加害者的行为也属于性侵犯行为。

第四种,是指女性虽然大多数的时候是儿童性侵犯事件中的被害人,性侵犯者大多数是男性,但在少数案例中也会出现女性针对儿童的性侵犯。也有女性利用自己的优势地位诱骗男孩参与一些性活动。这些都会对当事人心理乃至身体

第六章　男孩也需要提高自我保护意识和能力

造成较严重的伤害。

在比较全面了解儿童性侵犯的定义和种类后,我想家长应该更加明确,男孩作为儿童性侵犯的受害者,范围应该更广,不仅限于涉及性犯罪中的被害人,更重要的是,若男孩在童年遭受过性侵犯,如果得不到正确及时的救助,成长为性侵犯加害者的风险会明显上升,患心理障碍的风险也会明显提高,此类问题不容忽视。

尽自己所能,帮助男孩在童年时期提升避免性侵犯的意识和能力,同样是每一位养育男孩的父母的责任。

因为是男孩，更要补上这一课

如何教育孩子防范"熟人"性侵

家长在日常生活中，不论是出于人身安全还是性安全的考虑，都会经常叮嘱孩子要防范陌生人，比如，不要随便吃陌生人给的零食，不要和陌生人去陌生的地方等，但现实中对儿童实施性侵的，大多数是熟人，也就是说，往往是父母忽视的那部分人。

现实情况需要用数据说话，让我们从下面三个方面的数据统计（数据统计包括男童和女童）来看：

一个数据来自龙迪教授的《综合防治儿童性侵犯专业指南》，其中指出70%～90%性侵犯者是儿童认识并信任的人。这是专家研究数据。

另一个数据是根据近年来"女童保护基金"颁布的《年度性侵儿童案例统计及儿童防性侵调查报告》，性侵犯者和儿童之间是熟人关系的占比为60%～85%。这是公开统计的数据。

最后一个是我在工作实践中接触到的性侵未成年人刑事

案例四年统计数据分析，性侵犯者和儿童之间是相识关系的占比达80%～92%。

我想，家长从这三个不同维度的数据统计中，应该得出一个结论，对儿童（18岁以下）进行性侵害的大多数是熟人，也就是说，发生性侵案件中的这些性侵犯者大多数就是我们身边认识的人。

这个时候，父母还觉得警告孩子只要不和陌生人说话，不要去陌生的地方，就能够起到预防性侵教育的主要作用了吗？

根据国内外相关研究显示，这些性侵犯者"大多数是儿童认识、熟悉或者信任的人，甚至就是儿童的家人。也就是说父母、继父母、亲戚、兄弟姐妹、保姆、邻居、老师、教练、朋友，家人的朋友、朋友的家人、心理咨询师、宗教人士以及其他有机会接触儿童的工作人员，都有可能成为儿童性侵犯者。"（《综合防治儿童性侵犯专业指南》，龙迪教授著）

对于这样一个研究结果，家长会感到很困惑，不教不行，要教的话，警告孩子去防备熟人，怎么开得了这个口，怎么可能做得到？

知道"性侵犯者大多数是儿童认识的熟人"这个现实情况后，并非让父母在预防性侵犯教育中，单纯警告孩子去防

备熟人就可以了,而是要纠正我们以前不起作用的或者片面的方法,采取正确的预防性侵犯教育措施。

我想,让家长感到困惑的问题是,性侵犯者可能是"不确定的熟人",那怎么针对孩子做防范教育?

如果让家长们都带着有色的、怀疑的眼光去分辨身边熟悉的人,再根据自己的怀疑和判断再对孩子说"离这个人远点",不只家长们会变得神经兮兮、不知所措,孩子也会变得不知道该如何生活,更会让一些真心喜爱孩子的人因产生误会而感到心寒。

当性侵犯者被曝光后,家长们关注的是他的身份以及和孩子的关系,自责平时怎么就没看出来。对于这一点,其实家长们不用自责。因为,即使是我这个办理过许多性侵案件的检察官,见过众多不同职业的儿童性侵犯者,在儿童性侵犯者曝光之前,我也同样无法判断。

儿童性侵犯者往往特别会隐藏和伪装,很难根据这个人的职业、相貌、外在品德等做出判断他是否是一个潜在的儿童性侵犯者,抑或是一个有"恋童癖"的人。那么,究竟该如何教育孩子呢?

其实,之所以这个问题让父母们如此纠结,是因为父母们关注的点错了。性侵案件发生之前,父母无法预知,但孩子肯定会知道。因为孩子才是那个直接接触对他进行性侵犯的人，只有他才能够最早判断出来。

关键就在于我们教孩子应该如何去分辨，也就是说，要教会孩子如何区分身边的人对待我们身体的方式是好还是坏？虽然对孩子进行预防性侵教育的重点对象是"不确定的熟人"，但孩子应该学习分辨的是"熟人的行为"，而不是"熟人的身份"。

对孩子预防性侵教育的正确打开方式是："假如任何人（熟人或陌生人）对其的身体做了性侵意味的行为，让其觉得不舒服，要记得回来后马上告诉父母，做这样事情的人是坏人，坏人的秘密不应该保守。"

龙迪教授在《综合防治儿童性侵犯专业指南》一书中对儿童性侵犯给出了一个定义："儿童性侵犯是指成人或较年长的儿童，或虽然年幼但有权势的儿童，通过武力、哄骗、讨好、物质利诱或其他方式，与另外一名儿童卷入对方不能做出知情同意的性活动或性交往的侵犯者。侵犯者利用儿童作为性工具，满足自己的性需要或其他需要。侵犯者可能是儿童熟悉、信任的人，甚至是家人，也可能是陌生人。"

关于如何判断"性侵意味的行为"的问题，下一章节我们继续讲。

因为是男孩，更要补上这一课

如何让孩子了解什么是"性侵意味的行为"

让孩子了解什么是"性侵意味的行为"，不是告诉孩子这句话，孩子就可以了解的，父母需要按照孩子年龄、成长规律、认知水平来循序渐进地培养和教育。

性教育应该从零开始，预防性侵犯教育应该从孩子离开家庭走入集体生活开始。一般情况下，父母会在孩子3岁后送他上幼儿园，3~6岁的幼儿在幼儿园生活、学习，这是孩子离开父母，走向社会环境的第一步，也是幼儿脱离父母监管看护的第一时期。即使家长选择了完全可以信赖的幼儿园，对孩子的预防性侵犯教育也应该开始了。这个时期预防性侵犯教育应掌握以下几个要点：

（1）需要帮助孩子学习认识身体，懂得性器官是个人隐私部位，是需要爱护的，明白在户外、幼儿园以及家里的公共区域比如，客厅、厨房、凉台等地方，不可以裸体跑来跑去、玩耍。

（2）多和孩子聊天，每隔一段时间询问孩子，有无其他人触碰到他身体的隐私部位，同时，反复告诉孩子如果有大人触碰隐私部位并觉得不舒服，记得回来一定要告诉父母，不管这个人是谁。

（3）帮助孩子建立身体边界感，孩子上幼儿园，脱离家长的监管，刚开始进入社会环境，日常时间主要还是和父母等监护人在一起，因为孩子心智发育尚比较幼稚，预防性侵犯教育主要由父母来承担。孩子对什么是性侵犯无法理解，更无法理解什么是"性侵意味的行为"。

这需要家长多关注孩子在脱离自己监护下的活动情况，主动了解，多和孩子聊天并有意识多问几句，是否有人触碰孩子隐私部位的情况，由家长来判断这是否属于"性侵意味的行为"，再采取措施。

另外，还需要家长教会孩子认识身体隐私部位，树立隐私空间的概念，需要对孩子的身体自主权意识、身体边界感进行启蒙。这是孩子习得如何自我保护意识和能力的核心基础。

孩子6岁后，开始进入小学学习，孩子的成长开始逐渐脱离父母的视线和监管，踏入社会环境的时间越来越多，父母又觉得孩子距离青春期还远，所以往往会忽视这个时期的性教育，但请父母注意，潜伏期的男孩对性的探索有更多的主动性，也更容易被人诱骗到自己无法做出知情判断的情形中，也就是说，这个年龄段其实是最容易遭受性侵犯

伤害的。

孩子开始上小学后，认知能力开始飞跃提升，家长意识到需要给孩子补课了。对人体性生殖器官、性生理卫生等单纯的知识都需要给孩子灌输，需要父母付出耐心的性教育内容是建立孩子内在的身体自主权意识、身体边界感、隐私权意识。这些价值观不是家长说一次、做一次教育活动，就可以让孩子马上理解并内化到内心的，而是需要循序渐进的。

在日常生活中，父母和孩子之间、孩子和孩子之间有握手、拥抱、背起等正常的身体接触，或许会不小心触碰到隐私部位，一般自然的反应都是很快离开。假如在正常身体接触过程中，有人在自己身体某个部位特意停留的时间比较长，被接触的人是有身体上的感觉的，心里有时还会"咯噔"一下，感觉怪怪的，心理上也会对这个时间特别长的身体接触记忆得久一点。孩子对这方面其实有天然的敏感性，不同的是，有的孩子可能会说出来；有的孩子可能会忽略掉了。

作为父母，当然期待孩子可以敏锐觉察并告知，当孩子无法做出知情判断的时候，也能向父母寻求帮助。

培养孩子预防性侵犯自我保护意识，就是需要我们帮助孩子明确正常身体接触和不正常身体接触的区别并告诉孩子：如果是大人做出的身体接触，即使是轻微的让人感觉不舒服的身体触碰也尽可能远离；如果是同龄小朋友，要明确说出来，如："你这样抱我，让我不舒服，请不要这样！"无论对方是大人还是小伙伴，只要有这种感觉，事后都要马上告诉父母，由成年人来指导和判断。

针对低年级小学生，可以在家庭或者学校一起通过玩游戏的方式，让孩子明确哪些身体接触是让自己感觉不舒服的。可以由大人、孩子都参与，模拟一个日常生活的场景，比如，一个搭肩的动作，正常让人觉得舒服的搭肩方式是对方手的位置放在肩和手臂连接处，但假如手滑到腰甚至接近臀部，会有什么感觉？分别模拟，让孩子区分放在不同部位的感觉，并明确说出来，父母再予以指导。

国外和国内一些预防性教育课程中，用以下这三步来教育孩子：第一步，say no。就是对自己感觉不舒服、不正常的身体接触，让孩子马上拒绝。第二步，off。让孩子马上离开这个人或这个环境。第三步，talk。让孩子记得说出来，告诉信任的成年人。父母可以参考利用这些课程。

随着孩子年龄的增长，认知、理解能力进一步提高，对这类游戏或口诀，可能会觉得幼稚而不屑一顾，但这并不代表孩子就能够明确理解什么是性侵意味的行为，也不代表孩子遇到这样的情形就知道如何处理。所以，父母需要针对孩子的年龄发育情况，改变和孩子沟通的方法，换一个角度和方式，对孩子进行预防性侵犯的教育。

当进入到青春期发育的年纪，孩子可以从案例、故事、

文字等知识层面来理解什么是"性侵意味的行为",他人性侵意味的行为就是对自己身体自主权的侵犯。

父母可以直接通过日常生活中的故事、案例同孩子讨论沟通,可以通过知识储备来吸收内化。比如,让孩子也学习了解一下国家法律层面对未成年人保护的一些法律法规,让孩子明白自己的哪些权益是受到法律保护的,增强法律意识,也就是强化孩子的身体自主权意识,并可以增强维护自己权益的勇气,赋予孩子愿意和可以说出来的勇气。

当孩子能够意识到他人对自己的性侵意味行为,但是基于各种理由"不敢"说出来的时候,就需要父母检讨和内省,平时在家中是以何种态度和方式来对待孩子的性教育的。对性的羞耻、偏见都会打消孩子告诉父母的勇气,更不用说父母会以责骂、呵斥的态度来对待孩子性教育问题所产生的影响了。

父母可以从培养孩子身体自主权意识、性平等意识、尊重、勇气等方面入手来对照寻找自己对待孩子性教育方面的偏差并加以修正。

建立身体边界感是男孩安全意识的起点

我们在工作、生活中与人交往，和不同的人接触，在不同场合，人与人的身体会保持不同的距离，就是日常中的"社交距离"。

和陌生人接触，距离过于接近，我们会不由自主产生压迫感，让人觉得不自在；和比较亲密的人在一起，某些场合中我们的身体可能是零距离，但并不会让人觉得不舒服。不论是在生活中还是工作中，在不同场合，不同身体距离也传递出不同的信息。比如，与不太熟悉的人见面时，其中一人故意拉近身体距离，我们就可以明显感到对方主动交往的意图。

肢体接触的场合和距离紧密联系在一起，形成让自己感觉舒服、接受的社交距离。男女因性别的差异，对身体之间的距离有不同的敏感度。一般情况下，女性对社交距离更加敏感。

能够意识到自己和他人的接触中，保持哪一种合适的身体距离或者在对方身体距离靠近或者疏离时，我们的身体能

感知是舒适还是不自在。这种感觉就是我们的身体边界感。

良好的身体边界感不是天生就有的，是由于我们在成长过程中，在生活、工作中适时调整而逐步形成、习得的，属于每个人自己的身体边界感。

在成年之前（特别是十四周岁之前），契合发育程度的良好身体边界感是男孩安全意识的起点。假如有人接触男孩的身体，他能感觉到不舒服，就会自然产生一些焦虑不安的情绪，人的警惕心就是在这种焦虑不安情绪中产生的。

良好的身体边界感也是男孩正常顺利融入集体、融入社会的助推剂。养育男孩时，父母希望他在人际关系交往中，懂得分寸，懂得尊重他人，知道保护自己，这是每个父母的心愿。那么，在男孩成长过程中，我们如何培养男孩的身体边界感呢？

首先，父母不要去破坏幼年男孩（0～6岁）天生敏感的身体边界感。父母们是否还记得，孩子六七个月后就开始认生，若有陌生人突然抱他，他会用啼哭的方式反抗。这个时候，熟悉的家人大多会抱回来安抚，这就是孩子天生的身体边界感。

有的孩子敏感，有的孩子会自来熟一点，天生就有不同，但父母的做法需要一样，不去破坏孩子天生对身体边界的敏感度，然而日常生活中，我们一些习以为常的做法却在时刻破坏着孩子天生的身体边界敏感。

常见的情形是，父母带孩子和好朋友见面聚会，或者是和分隔两地的长辈亲戚见面时，人们爱屋及乌，见到孩子这么可爱，亲戚朋友会主动示好，忍不住拥抱、亲吻孩子。这个时候，孩子对陌生人的第一感觉一般是抗拒、退缩，有的会推开，有的会哭，有的会转向爸妈求救等，但大多数父母碍于面子或基于亲情等各种原因，不会阻止成年人的行为，而是对着孩子说，这是谁谁，快叫"叔叔""阿姨""爷爷""奶奶"。当孩子退缩回避时，父母反倒用一句"这孩子……"来批评责骂，然后尴尬地笑着扯开话题，并不会关注孩子的感受，因为过一会儿，小孩子的脾气也就没有了。

这个时候，很少有父母会意识到，自己是在亲手破坏孩子的身体边界感，但是，当想起要教育孩子人身安全时，父母又叮嘱他要注意防范陌生人，离陌生人远一点。

大家可以站在孩子的角度想象一下，对孩子而言，父母口中叮嘱的陌生人是陌生人，但没见过面的阿姨，没见过面的爷爷奶奶难道不是陌生人？为什么对这个陌生人要强迫我接受他（她）的拥抱亲吻，对那个陌生人又要远离？父母心目中已有的亲疏感情认知，不可能直接转到孩子的头脑里。这时，孩子的小脑袋里该有多疑惑，怎么才能分辨出哪个时候是真的爷爷奶奶叔叔阿姨，哪个时候是假冒的爷爷奶奶叔叔阿姨？

孩子天然的身体边界感就是在这样矛盾冲突的感觉中被破坏掉的。

父母应尊重孩子的感受,没见过就是没见过,就算是亲爷爷亲奶奶,和孩子第一次见面的时候,这个人一样是陌生人,孩子远离回避是再正常不过的事情,我们需要保护好孩子天生对身体边界的敏感度。

同时建议父母,对第一次见面的长辈朋友,应该善意提醒,解释一下,接触自己的孩子,希望对方慢慢示好。另外一方面,提前给孩子讲讲,要见面的人是谁,和父母是什么关系,他们是否是可以信任的,讲清楚后就顺其自然,尊重孩子对人认识熟悉的自然节奏,不强迫不批评。通常父母在场时,孩子觉得安全,开始接受对方友善的举动,自然会熟悉互动。

父母一个小小的举动,保护好孩子天生的身体边界感,胜过无数次叮嘱孩子远离陌生人。

第二个重点,帮助男孩认识自己身体隐私部位,并同样要教育男孩,隐私部位不可以随便让他人触碰。

日常生活中,大家对待男孩的隐私部位并不像对待女孩的那么谨慎,常常会拿小男孩的生殖器故意逗乐,家里的成年亲属常常毫无顾忌地对小男孩的"小鸡鸡"进行抚摸或挑逗,并把这些动作当成亲昵或者爱抚的一种表现形式。当小男孩表现出哭闹反抗的时候，大家一阵哄笑，父母劝慰时，也常常对男孩说："大家闹着玩，别哭了，你又不是女孩子。"

这样的方式都有意无意削弱了男孩对身体隐私部位保护的意识，对他人侵犯自己的隐私部位的敏感度降低，也就无法正常建立起自己的身体自主权意识，逐渐对作为男性"性"特征的攻击性也就会相对缺乏自控能力，不懂得保护自己隐私部位的男性，对他人（包括对待女性）的身体隐私相对也缺乏尊重，性的攻击性也更容易发展成为犯罪的风险。

一个缺乏身体边界感的男孩所面临的更大风险是：当他被人强制猥亵的时候，不懂得拒绝；之后，不懂得告诉父母寻求帮助。

随意抚摸或挑逗小男孩的生殖器是一种陋习，对成年人来讲看似是一个无关紧要的玩笑，对小男孩而言却是一种破坏和侵犯身体自主权的行为。

这个时候，父母的态度就非常关键了。当孩子哭闹寻求安抚和帮助的时候，父母需要给予安抚，而不是制止孩子哭闹，更重要的是，对随意抚摸或挑逗孩子生殖器的成年人行为，父母应该予以阻止和规劝。父母的态度是决定孩子对自己身体隐私部位态度的关键所在。

当父母对孩子的诉求予以回应时,孩子才能真正意识到自己身体的隐私部位是不可以随便让人触碰的,当有人触碰的时候,我可以告诉父母,父母不会因为这样而责骂我,他们可以帮助我。这样,孩子遭到强制猥亵的风险才能有效降低。

另外,父母还需要帮助男孩逐步建立隐私空间的意识,除教育男孩隐私部位不可以随便让人触碰外,对于触碰隐私部位的例外情形也要和孩子讲清楚,比如,家人帮助清洗的时候,让医生检查身体的时候(父母必须在场),等等。让男孩懂得区分什么人在什么情况才可以触碰隐私部位。除此之外,其他任何人都不可以触碰自己的隐私部位,并需要向孩子强调,假如有人触碰了自己的隐私部位,一定要告诉爸爸妈妈。

同时,还需要强调,观看人的隐私部位(包括自己观看他人的隐私部位和让他人观看自己的隐私部位)也是不可以的。这些都是非常可能涉及进一步性侵的行为,而且也是严重破坏孩子身体边界感的行为,需要父母对孩子强化教育。

在认知层面,强化男孩的身体边界感意识,可以帮助孩子建立身体自主权意识,懂得尊重自己和他人的身体边界,有效防范男孩遭受性侵的风险,同时,也增强男孩对性攻击的自控能力。

第六章 男孩也需要提高自我保护意识和能力

帮助男孩了解哪些雷区不要碰

人们一般认为，男孩往往比女孩更具有冒险探索精神，这里面除了基因上的区别之外，更重要的是，父母在养育男孩和女孩的时候，内心对男孩和女孩有不同的期待，在日常生活中对男孩和女孩的语言、行为回应有很大区别，对男孩的探索行为有着更多的鼓励，对女孩的探索行为有更多的担心。这些都是父母下意识的反应，在性教育的领域更是如此，当然，这里并不存在好和坏、错与对。

所谓"好奇害死猫"，需要引起父母重视的是，基于男孩有更积极主动的探索行为，更需要对男孩加强危险的性行为边界教育。

对于男孩严重违背社会公德的"非常规性行为"的探索行为，应及时制止疏导。

男孩在"潜伏期"已经表现出比女孩更多的对性行为的探索，前面的章节中，我强调了"潜伏期"（7~10岁），是孩子关于性隐私、性道德、性边界等形成和建立的关键时期，同时，也是男孩对性行为好奇，最容易产生模仿行为的时期。

对于男孩而言，稳定的性道德、性隐私、性边界等价值观体系还没建立，如果过早受到社会上一些严重违背社会公德的色情信息刺激，对男孩的负面影响较大，容易造成孩子心理发育障碍。成人小电影、游戏中有关性的信息经常是一些"非常规的性行为"，比如，多人淫乱、人与动物、虐性、尝试性窒息等性行为，这部分的性信息严重违背社会公德，并对人的感官有比较强烈的刺激，往往对男孩的心智发育造成严重的负面影响，需要父母格外留意。

除关注孩子是否接触到这部分信息外，父母更要留意孩子是否有异常模仿行为，只有尽可能早发现并及时制止和疏导，才能尽早帮助到孩子。必要时，还应该寻求专业心理救助。

第二，不论是从加害者还是受害者角度来讲，男孩都应该有更充分的了解，只有对危险的性行为后果有足够认识，明白性行为的边界，才能增强孩子自我保护的意识和能力。

因朋友生日到酒吧包房唱歌庆祝，小朱（男，16岁）不胜酒力，迷迷糊糊地和另外一男性拥抱、亲吻，随后这位男性叫他一起开房休息，他答应了，然后被人送到楼上房间休息，早上醒来后，小朱发现床单上有血迹，自己肛门有撕裂现象，怀疑自己被人肛交，因觉得自己是男孩感觉特别不耻，直到后来自己肛门感染才告诉父母去看医生，之后去报案，但因小朱已经年满16周岁，对方辩称小朱是自愿的，最后导致无法证明其被肛交时是被强制的，不能以强制猥亵罪追求当事人的刑事责任。

事后，小朱父母来咨询，我们了解到父母当晚对小朱没回家睡觉并不在意，认为男孩偶尔不回家过夜也不是什么大事情，以前也不是没有过，没有想到男孩也会被人猥亵。

小朱喝酒后，对于他人对自己身体的抚摸拥抱等并没有拒绝，最后让他人进一步的性侵行为得逞。

虽然小朱被猥亵是一个偶然事件，但小朱父母平时对其性教育的忽视却是造成这个偶然事件的必然因素。

和父母们对女孩额外的叮嘱相反，什么是危险的性行为，什么是危险高风险场所，父母往往很少跟男孩讲，自认为男孩不会遭遇这类伤害，因此疏于叮嘱，更不会有意识地去预防教育。所以，男孩遭受"鸡奸"等猥亵行为的预防性侵教育，往往成了预防性侵害教育的盲区。

伤害事件的发生虽然有其偶然性，但如果父母可以做到把导致偶然事件中的必然因素剔除掉，那么孩子遭受伤害风险的概率就大大降低了。

第三，提升孩子的法律意识，就是帮助男孩建立性行为的边界底线。

一般情况下，绝大多数男孩都知道强迫他人发生性行为是犯罪行为，但对于什么情况下和女孩自愿发生性行为也构成犯罪往往不太了解。我的办案实践中，常有已满十四周岁未满十八周岁的男孩和还未满十四周岁的女孩谈恋爱，男孩明知道女孩未满十四周岁却与之发生性关系并导致女孩怀孕，最后被女孩父母发现报案，要求追究刑事责任的案件。

发生这样的案件后，男孩以及父母往往心里觉得非常冤枉，在办案机关释法解惑之后，又往往后悔不已。

已满十四周岁的未成年男孩和未满十四周岁的女孩谈恋爱，过早发生性关系并导致女孩怀孕，这已经表示男孩和女孩在法律和性教育方面的缺失，尤其是法律和性之底线教育的缺失。

上述情形，都是不应让孩子踩的雷区，是父母应该做到的对孩子最基础的教育。这部分的缺失往往成为孩子成长过程中的重大风险。一旦发生，有时候会对孩子的人生造成毁灭性打击。相对于避免危机和风险而言，在孩子成长过程中，父母这部分的预防警示教育很容易做到。有心为之的"举手之劳"，就可以避免重大危机和风险的发生，父母何乐而不为？

第七章

帮助男孩面对性暴力，更要避免男孩成为加害者

章|节|寄|语：

作为父母，我们虽然不完美，但面对性暴力伤害，仍旧是孩子最坚强的后盾。面对伤害，走向自由，重获新生，始终是我们坚定的目标。

因为是男孩,更要补上这一课

父母在性暴力认识上常见的误区

我们社会对性暴力、性侵害的认识普遍存在一些误区。这些误区不仅仅是在预防性侵犯教育方面,同样也存在于针对性暴力发生时一些错误的认识和固有的偏见,对照一下,作为父母,自己有没有以下这些误区和偏见?

误区一:女孩才会遭受性侵犯,男孩不会被性侵

现实生活中被媒体曝光的性侵案例,绝大部分是女孩遭受性侵的案例,仅从曝光比例来讲,养育男孩的父母似乎不用担心自家男孩可能遭受性侵,但家长们对男孩的预防性侵犯问题就真的可以放心了吗?希望家长们再翻看一下我在前面章节中告诉大家的三个数据,一个是专家研究数据,一个是国家权威公益组织"女童保护基金"的年度报告统计数据,一个是我的现实工作中的数据情况。

从这三个不同维度的数据统计中应该得出一个结论:遭受性侵的绝大多数是女童,但也有男童。

第七章　帮助男孩面对性暴力，更要避免男孩成为加害者

另外，直接实施性侵犯行为的性别绝大多数是男性，那这部分男性难道天生就是犯罪人吗？有研究表明，65％有"恋童癖"的人在童年时遭受过性侵，但因为一些因素没有揭露曝光，也导致其没有得到救助，其成年后成为性侵犯者的风险高许多。

大多数情形是需要我们去做预防教育，但少数情形也不可忽视，做到全面的预防性侵教育才是正确的。

误区二：年轻漂亮的女性才更容易遭受性侵，女孩遭受性侵是因为她穿得太漂亮性感了

不论是韩国的电影《熔炉》，还是中国的电影《嘉年华》，都反映了家长们的一个误区认识：女孩遭受性侵是因为她穿得漂亮性感了。但事实上，女孩遭受性侵时和她穿什么衣服一点关系都没有！性侵犯者做出性侵行为只和他自己的行为选择有关，被害人当时穿什么根本影响不到他！比利时曾经举办过几届特殊的展览，今年也举办了，展览主题是"What Were You Wearing"，展出18位女性在遭受性侵害时穿的衣服。这些衣服再普通不过，并没有特别暴露、性感，就是我们日常所穿的衣服，T恤、衬衣、毛衣、裙子、牛仔裤……

对被害人穿着的指责，就如同我们会在案件发生后指责女孩和人约会，吃了性侵犯者给的零食，回家太晚一样，是

"受害者过错有罪论"的偏见所致,也导致我们在预防性侵害教育中偏颇了方向。

是否年轻漂亮和容易遭受性侵没有任何关系。统计表明,遭受性侵的年龄跨度,从几个月的婴儿到七八十岁的老人都有;从性别上看,女性占多数,男性也有。性侵犯者选择性侵对象,特别是针对十八岁以下未成年女孩的性侵,不是因为女孩年轻漂亮,而是因为容易下手。性侵犯者只会挑选可以并容易下手的机会。

请父母们不要误会,漂亮性感不是被性侵犯的理由,也不是性侵犯者减责的借口。

误区三:女孩被猥亵,处女膜没破,不算性侵;男孩被猥亵,没有什么损失

我在办理这类没有造成身体损伤的猥亵儿童案件时,每每和家长沟通,都会发现持有这种观念的父母比我想象中还要多。事实上,女孩和男孩被猥亵,都会严重影响他对人的信任感,影响孩子日后建立正常的人际关系,更影响孩子对性的认知,影响男孩、女孩身心发育的各个方面。

但家长基于传统贞洁羞耻观念,基于"家丑不可外扬"的心理,往往首先选择是私了,甚至因其他原因被动案发后,家长也不愿意配合调查,担心影响孩子和家庭的声誉。

第七章　帮助男孩面对性暴力，更要避免男孩成为加害者

但孩子也会继续成长，形成他对性的认识和价值观，当家庭成员选择漠视后，随之而来对他心理上的伤害也是漠视的，一个遭受性侵但被漠视对待的孩子怎么可能成长为一个心理健康的人？

误区四：孩子遭受性侵时年龄还小，不提起慢慢淡忘就没事了

这种认识在父母们的观念中也非常普遍，特别是当孩子年纪偏小的时候，处理完事情后，所有家庭成员对这件事讳莫如深，就当这件事情没有发生过，同时，在谈到类似话题的时候又小心翼翼。孩子无法和父母沟通，过了一段时间，看起来孩子好像也忘记了。

儿童遭受性侵事件后的伤害，在心理上常常表现为"沉睡效应"，也就是说，年纪还小的儿童的性侵犯创伤暂时潜伏下来，表面上孩子没有太大异常行为，但在数年后甚至在成年后才显现出来，看起来事件是在逐渐被淡忘，但伴随着事件的各种信息会随着时间推移而改变，特别是在孩子对性的认知上有了成年人完整的性羞耻感时，负面影响就会以其他形式爆发出来。

常伴随性侵事件的"沉睡效应"，提醒父母不能漠视孩子的感受，只有积极介入，才能对孩子有所帮助。

误区五：女性被强奸时，没有反抗就是同意了，她们享受被强奸的感觉

不要以为这样无知的认识不可能存在，在办理一些强奸案件的时候，性侵犯者经常有这样的辩解和认识，认为对方没有一直反抗就是表示同意，有些甚至认为被害人在被强奸的时候是在享受，理由是一些淫秽色情电影就是这样的，女性在被强奸的时候表现得很享受。

淫秽色情视频不但刺激了未成年人对性的感官刺激，也带来了错误或扭曲的性价值观，对男孩的影响更加明显。

误区六："裸聊"没有身体接触，不算性侵

大部分的父母对网络性侵行为了解不多，假如父母不经常上网，可能都不知道网络上有"裸聊"这回事。裸聊算是色情行业中的一个种类，通过网络开始，裸聊最初并没有身体直接接触，但随着双方网聊的深入，有的聊天内容直接走向色情，有的网聊双方发展到线下并对孩子进行实质的性侵，不论哪种情况，最后带给孩子的都是实质的身体和心理伤害。

儿童首次上网的年龄越来越早，根据网络数据调查，我国儿童首次接触互联网的年龄集中在6~10岁，占比达到了60%以上。儿童接触网络的低龄化趋势，也意味着遭受网络

第七章 帮助男孩面对性暴力,更要避免男孩成为加害者

风险不断加大,包括了儿童色情和网络性侵的风险。"女童保护基金"在2018年颁布的《年度性侵儿童案例统计以及儿童防性侵教育调查报告》中特别提示:网络性侵值得警惕。

在儿童色情产业中,儿童主要在网络上通过"童星招募""网络游戏""网上检查身体""高薪工作"等方式诱骗未成年女孩男孩在线拍摄和发送裸照或通过通信交友软件视频裸体聊天或者做出性交等淫秽动作。这些都成为儿童色情产业中的一环。

向儿童传递色情图片或者视频,在线对儿童进行性诱惑,要求儿童在镜头前面脱衣服、裸露隐私部位,做出不雅动作,或者要求其录下来,制作色情图片和视频保留下来或在网上传播,等等。这些虽然都没有身体上的接触,但都属于对儿童的性侵犯行为。

因为我们在日常生活中会对性侵事件产生偏见,所以对孩子的预防性侵教育也常常会走入歧途。

因为是男孩，更要补上这一课

纠正误区，
教育男孩不做性暴力加害者

当办理有关性侵犯罪案件的时候，我常常会遇到一些涉嫌强奸的犯罪嫌疑人承认发生性行为，但会辩解是对方自愿发生性关系的情况，理由有许多，比如："这个女的看起来很开放，会喝酒，和我喝了很多杯酒，所以我觉得她应该是自愿的……"

"我约她出来吃宵夜，她都出来了，所以我认为她是自愿的……虽然她后来有抓我，但我觉得打是亲骂是爱，女生不就是喜欢这样的吗？"

"她在晚会上穿得很性感，我送她回家，她都同意和我坐一辆车了，怎么可能是不自愿的？"

"我喜欢她，在追求她，我单独约她出来吃饭看电影，所以她肯定是自愿的……"

这就是一些性侵犯者所理解的"性同意权"，虽然这些只是一些涉嫌犯罪的极端案例，犯罪嫌疑人辩解的理由在

第七章 帮助男孩面对性暴力，更要避免男孩成为加害者

案件办理的过程中，看起来似乎有点不合情理，然而在日常生活中，抱有这种认知的男性不在少数，追溯本源，是绝大多数男孩在成长过程中没有接受过"性同意权"概念的教育。

有一次网络调查，以下哪种行为会让男性误认为女性已经"同意上床"？答题的数据如下：

两个人单独用餐，占11%；两人单独饮酒，占27%；两个人单独乘车，占23%；穿暴露的衣服，占23%；喝到烂醉，占35%。

这个时候，我们再把犯罪嫌疑人辩解自己不构成犯罪，辩称对方是自愿和自己发生性行为的理由再看一遍，是否和"大多数男人就是这样想的"的理由如出一辙？

对于性，我们会惯性地认为男性比女性更具有主动性，是合理的，是被允许的。不论是从基因的遗传角度来说，还是社会文化角度来说，这个理解都被广泛认同。

男性在成长的过程中，父母对待其在性方面的宽松及回避态度，也让男孩有更多的机会在性的价值观上受到外界影响。

比如，男孩在偷偷观看成人小电影时，电影里就经常出现不经同意就开始的性行为，男女双方同时直接表现出享受这种方式的表情，而这些不仅给了未成年男孩感官上的刺

激,而且还带给他们偏颇的性价值观,对于辨别能力还不足的未成年男孩而言,常常会造成一些对性同意权扭曲的认知。

当性行为是一个个体行为时,仅仅是个人的隐私;当性行为涉及另一个人的时候,就是一个双方行为,赋予一方可以主动的权利;而另外一方就相应地有是否同意的权利,这个权利来自我们作为人应有的身体自主权。

换句话说就是,男性有对性的主动性;相对地,女性就应该有对性的同意权。

造成"大多数男性就是这样想的"一个主要原因是因为大多数男性从来没有接受过"性同意权"的教育。当男性把自己性的主动性理解为理所当然,对于女性的性同意权却有扭曲的认知,在某些场合,一些性侵暴力事件就发生了。

我们强调男孩也要建立自己的身体自主权意识,是因为这个权利是人人都应该具有的一项基本权利意识,而男孩只有在认知上有一个明确的理解,才会有同理的尊重。

对于身体自主权意识的培养,除需要加强男孩对自己的责任约束外,更要培养在性意识中尊重的意识。这是预防男孩成为性侵加害者的本质的教育方法。

对于预防性暴力的发生,父母要一如既往地加强对女

第七章 帮助男孩面对性暴力，更要避免男孩成为加害者

孩的防范教育，同时，对男孩加强包含"性同意权"在内的身体自主权意识和尊重意识的培养，才是全面的预防性暴力教育。

因为是男孩，更要补上这一课

关注儿童性侵犯中的男童受害者

一次，朋友向我讲述一件烦心的事情：发现刚上初一的儿子越来越喜欢洗澡，脾气越来越大，每次洗澡待在卫生间的时间都超过一个小时，一瓶新沐浴露不够十天就被用完了，为此家里人多次数落孩子，有时还会和孩子吵起来，但孩子的这个"癖好"还是依旧。在最激烈的一次吵闹中，孩子着急了竟用小刀自残。此后，父母不敢再骂孩子，感叹青春期男孩越来越不好管教，也带孩子去看过医生，但一直没好转。

说者无心，听者有意。当朋友忧心忡忡地把事情说完后，我向朋友提了个建议：找一个孩子喜欢并信任的亲戚，问问孩子是否有人曾经性侵过他。

当时，朋友听到我这个建议后，非常愕然，但还是照做了。结果是孩子确实曾经被人肛交性侵，但因为事情过去太久，相关证据无法搜集，最后，孩子父母没有选择报案，带孩子看了心理医生。

其实，这个案例反映了男孩遭受性侵后一个很普遍的

第七章　帮助男孩面对性暴力，更要避免男孩成为加害者

表现：

首先，男孩对于遭受性侵的事情往往比女孩更加不愿意主动揭露。男孩处于被动被控制的地位，被人性侵后，对于性羞辱和个体尊严更加敏感，在心理上往往比女性更会感觉受到诋毁和侮辱，自己不愿意接受，也更加不愿意被他人知晓。

其次，父母对孩子的异常反应也常常被疏忽，想当然地认为男孩不可能会遭受性侵，对孩子的异常反应往往认为是其他原因造成的，使事件经过很长时间才暴露，或者根本就不会暴露。另外，有的男孩遭受性侵的事件即使暴露，也往往因为时间过去较长，相关关键证据经常存在灭失的情况，以至于无法处理。大多数父母也处于保护孩子隐私的考虑，选择不予报案。

性侵对男孩和女孩身心发育的负面影响都很大，但因为社会、家庭通常区分对待男女的性别教育，男孩和女孩的性别特征有主体上的区分，当他们遭受性侵后，一些情形是相通的，但也有一些性别差异。

如何识别男孩是否遭受了性侵犯呢？

假如男孩有以下情绪、行为等方面的异常反应，需要家长们特别警醒，要留心甄别男孩出现的异常情绪和行为反应，是否存在遭受性侵的可能性。

第一，关于生理方面的异常。当身上有一些解释不通的伤痕、肛门瘙痒等异常状态时，孩子往往承受着较大的压力，并伴有身体上的不适，特别是年纪偏小一点的孩子。孩子是否有突然出现没来由的身体不适，抱怨身体不舒服，如肚子痛、头疼等；突然厌食或暴饮暴食、睡眠失调，包括失眠、做噩梦等。

第二，关于行为方面的异常。孩子突然在身体受到触碰时，无理由地反应过激，对于换衣服、脱衣服感到紧张、恐惧并抗拒；没有理由地突然很讨厌或害怕和某个人单独在一起；没有理由地突然拒绝去或留在某个地方；学龄前或学龄儿童懂得和年龄发育完全不对等的性交知识；特别喜欢谈论性话题；对性表现出超出同龄认知的兴趣；游戏中和同伴相处中频繁有性含义的行为；青春期男孩可能会感到自己肮脏，反复清洗身体，特别是隐私部位；可能还会出现酗酒、抽烟等成瘾行为；也可能会做出性乱交，甚至有自残、自杀行为等。

第三，关于情绪方面的异常。性格发生转变，突然变得不爱说话、沮丧、害怕、羞愧，甚至想自杀；变得特别爱惹事，变得脾气暴躁；经常感到紧张、焦虑，没有安全感；突然变得爱哭，极其敏感，情绪起伏大，爱发脾气，等等。

第四，关于日常生活方面的异常。在学习方面，成绩突然下降，忽然不喜欢上学，注意力不集中，旷课逃学甚至为

第七章 帮助男孩面对性暴力，更要避免男孩成为加害者

了避免上学而装病，表现出学习困难；在孩子掌握的财产方面，突然多了许多东西（包括零食、礼物等），零花钱也增多了，但确定不是家人给的；在社交方面，突然不愿意和朋友出去，不愿意和别人交流，宁可自己待在角落里，建立和维持同伴关系有困难。

特别强调一下，当孩子有上述"症状"信号的时候，并不代表孩子就是遭受到了性侵犯，只是预示有这种可能性，但因为对儿童的性侵犯是一种严重伤害孩子心理健康、破坏孩子安全感、人际关系，严重影响孩子正常成长的行为。所以这个时候请家长们多个心眼儿，当孩子出现上述"症状"信号的时候，父母需要细心观察，耐心询问，小心求证，尽可能早发现孩子是否遭受到性侵犯，这样才能尽早正确干预和防患未然。

假如父母看到孩子有以下明显的身体生理状况，就需要第一时间询问孩子或者报案处理。（1）男孩隐私部位有明显伤痕、血迹，比如肛门或身体其他部位有瘀青、肿胀等；（2）男孩会抱怨阴茎、肛门等地方疼痛、瘙痒等；（3）查出男孩患有通过性接触会传染的疾病等；（4）身体肛门或内裤验出有男性精液。

上述这些情况不仅是信号的问题，需要父母进行紧急介入，对孩子的身体进行医学检查，确认伤情，待询问孩子后，应根据情况选择马上报案。

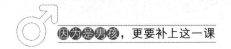

男孩遭受到性侵的负面影响很大，其外在行为反应更加倾向一些攻击、破坏性的行为，包括性发泄行为，在性方面的发育比女孩有更大的风险，也就是说，男孩遭受到性侵后，成为一个性侵犯加害者的风险更高。在前面的章节我曾提到，有研究表明，65%有"恋童癖"的人在童年曾经遭受过性侵。"恋童癖"是一种严重的心理障碍，一旦实施有关行为，又是一种严重性侵犯犯罪行为。

作为父母，越早发现问题，就越早能尽自己最大可能保护到孩子，越能做到尽最大可能减少对孩子的伤害和对他人的伤害。

第七章 帮助男孩面对性暴力，更要避免男孩成为加害者

面对孩子遭受的性犯罪事件，父母该如何自救

儿童性侵犯事件严重到一定程度就会构成性犯罪，不仅对被害儿童有巨大的心理创伤，而且对被害儿童的家庭特别是父母也是巨大的打击。性侵事件对未成年人身心伤害带来的负面影响，有可能延续到成年甚至终身，只有家长的帮助和支持才能减少或消除这种负面影响。

作为被害男孩最亲密的人，父母对待性侵事件的态度和方式，对孩子的成长影响深远，所以，当父母在面对这样一种巨大打击的时候，如何面对和处理自己的内心伤害就非常关键了。父母只有能够尽快走出来，恢复理性，才能有效帮助孩子走出阴霾，减少和消除负面影响，尽快结束这个事件对被害儿童的伤害，使其逐步回归正常生活轨道。

当面对一个重大创伤需要自救的时候，家长需要借助一些心理学理论来处理创伤情绪来处理创伤经历。

父母面对孩子所遭遇的性侵犯事件，特别是遭受到熟人的性侵事件时，第一个阶段情绪反应是否认。当遇到一件

自己无法承受的事情时，首先会形成对情感上的强烈冲击，孩子受伤越严重，遇到的事情越超过我们的预期，这个情感的冲击越大，我们的神经系统会条件反射自动出现第一个反应——否认。"这不可能！""这不是真的！"但是，随着事情的发展，不断有证据向我们证实，这件事情是真的。这时，我们的情绪会不断被激发，在否认和愤怒之间来回摆动。

否认情绪的自动激发是对个人的一种保护，但当我们无法从否认中走出来的时候，对个人和事情的处理都是非常糟糕的。比如，当得知自家男孩受伤严重且性侵孩子的是家人或朋友时，否认的情绪就会凸显得特别强烈，徘徊在否认情绪中，自己的创伤会进一步加大加深，却又于事无补。

大多数情况下，当我们逐步确认事件是真实的以后，我们就会迎来第二个阶段的情绪——愤怒。在这种情况下，愤怒是一种再正常不过的状态。愤怒，是一种急剧、强烈、具有破坏力的情绪，同时，它也是一种可以改变现实状态充满力量的情绪。当我们充满愤怒情绪的时候，本能反应是想要去做点什么，要改变一些现实，要有所作为。

面对性侵事件，愤怒的转换一般会有三个方向：

第一个方向是转向性侵犯者，这个时候父母可能杀了这个人的心都有。在这种愤怒下，现实中常常会出现殴打性侵犯者的情况，这种极端的愤怒转换方式，往往会反过来造

第七章 帮助男孩面对性暴力，更要避免男孩成为加害者

成自己的伤害，应该理性选择报案，让性侵犯者接受法律的惩罚。

第二个方向常常是转向被害男孩。这个时候，父母内心已经有一些固有的认知，对被害男孩常常有一定过错推定，特别是被害男孩在平时有不听从父母叮嘱的情况，愤怒的转换往往就指向了孩子，父母会责骂孩子，损坏他的物品，甚至殴打孩子。这种愤怒的转换方式是对孩子身心的二次伤害，会严重加深孩子心里创伤的裂痕，因此父母必须争取避免。

第三个方向是转向作为父母的我们自己。当安抚被害孩子伤痛无效时，当性侵犯者还没按我们的预期立刻受到惩罚时，当面对外部环境对事件的看法无法申辩时，这种无能为力的感觉很容易让我们把愤怒的情绪转向自己。我们会反刍事件发生之前，自己为什么没早点发现，恨自己的疏忽，恨自己教育的失败，甚至恨自己的运气，这个时候我们会产生很多的内疚和自责。

愤怒需要转换，但需要避免极端方式的转换，并且愤怒不需要否认和压抑，它是一种情绪，是一种能量，需要一个过程，需要我们觉察并理性接纳。

对父母而言，第三个阶段需要处理的情绪就是内疚和自责。内疚和自责的情绪会滋生出沮丧、悲伤以及无力感，特别是面对伤害严重的孩子。孩子的情绪反应直接牵动父母的

情绪。当孩子出现退缩、抑郁、焦虑反应的时候，父母会处在内疚、自责中；孩子脾气暴怒，有攻击、破坏性行为时，又会引起父母的愤怒。如果父母长期陷在内疚、自责的情绪中，会对孩子的行为有求必应，导致无边界的迁就，继续破坏孩子对人际关系的边界感。

被害男孩因为心理创伤反应，往往会出现偏差行为。事实上，这些偏差行为是需要纠正的，但因为父母的内疚和自责，往往会采取放任的态度，不利于孩子的恢复，所以父母需要觉察并纠正自己内疚、自责的情绪，及时清除随之而滋生的沮丧、悲伤和无力感。

发生性侵事件后，受害儿童父母会经常回想事情的某些细节，所以父母在上述情绪之间会有反复，特别是愤怒、内疚、自责之间的反复。如果父母能够觉察这些，会有利于在情绪反复的过程中，做出正确的适应性行为。这些行为包括转换愤怒的报案行为和对被害男孩的保护措施，而做出这些理性的行为，代表父母度过了第四个阶段——接受现实。

性侵事件带给孩子的心理创伤往往是长期的，需要父母接下来审视自己的内心和自我价值感，这是父母需要经历的第五个阶段。

首先，审视自己的内心，认识到整件事不是被害男孩的错，他只是被害者，错的是性侵犯者。审视自己内心，对孩子遭受性侵后，哪些认识的误区会导致愤怒指向孩子，哪

第七章 帮助男孩面对性暴力,更要避免男孩成为加害者

些认识误区会导致愤怒指向自己,然后,审视自我价值感打击在什么地方,审视自己内心在担忧什么,而这些担忧又来源于哪些认知。父母只有正确地审视自己的内心和自我价值观,才能走向自我疗愈的第六个阶段——放下。

对于放下阶段,不同的父母有着不同解读。有的父母把回避、逃跑当作把性侵事件放下的策略。这样的方式是把心理创伤包裹起来,回避不去面对,在某一个暂时的时间段看起来或许是有效的。但在前面的章节,我曾经讲到这种方式对孩子的心理创伤常常会有"沉睡效应"。我们首先需要处理好自己的创伤,才有能力帮助孩子,而不是包裹起来假装放下。

真实的放下包括三个方面:

(1)原谅自己。把内疚和自责转换成审视自己内心和重新开始的动力,只有原谅自己,才能保持让自己在面对被害孩子的偏差行为时有足够的理性,做到不放纵不打击。

(2)着眼现在,珍惜自己。锻炼身体,规律饮食,把自己的能量恢复过来,做孩子的榜样,带动孩子爱惜自己。

(3)决定行动。这是父母自救的目的。决定行动是针对被害孩子的一系列持续的支持和保护,需要父母持续行动,只有当父母能够自救,有理性开始决定行动的时候,才是真正有效地启动了孩子心理创伤的康复之路。

需要提醒的是，面对创伤事件的发生，谁也无法预估这个事件会对我们造成什么程度的心理伤害。当想自救并急着想帮助孩子，同时，又感觉到自己的负面情绪长时间（超过一个月）无法自控和纾解的时候，请父母意识到自己可能需要专业的心理帮助，求助专业心理帮助是最好、最省时的途径。

请记住，当面对男孩遭受性侵时，只有父母或监护人先恢复好心理上的创伤，才有能力帮助到受伤的孩子。下一节，我们将具体讲述在家庭里如何最大可能帮助到被害孩子。

第七章 帮助男孩面对性暴力，更要避免男孩成为加害者

父母如何帮助孩子走出性暴力伤害事件

任何父母面对自己的孩子遭到性侵犯事件时，都是异常艰难的，只有艰难地进行自我情绪急救，恢复理性，做到放下，才有能力采取行动来帮助和挽救孩子。

当父母还处在否认、愤怒、内疚、自责、沮丧、无力等各种激烈负面情绪中的时候，会出现各种相应的行为，比如，在否认状态下，父母常见的退缩回避、不理睬孩子；愤怒下的责骂殴打行为；内疚自责下的过度补偿和放纵行为；沮丧无力下的忽视冷漠行为；等等。这些行为都不是可以帮助被害男孩的行为。

作为家长，作为孩子最亲的人，如何做才能真正可以帮助被害男孩呢？

接纳。不论父母处在哪种情绪状态中，也不论孩子处在什么状态中，接纳都是孩子遭受性侵犯后疗愈心理创伤的起点。接纳孩子的情绪状态，他或抑郁，或焦虑，或害怕，或愤怒……这些情绪都会有对应表现出来的行为，某些行为比

如破坏性的行为或许会激怒家长。这个时候，父母需要全部接纳，绝对不能用自己的负面情绪行为去打压、对抗孩子的负面情绪，在保证孩子人身安全的前提下，允许孩子宣泄。情绪也是孩子身体内的一种能量，平复需要一个过程，体会孩子的情绪，接纳孩子的情绪，允许孩子表达情绪，即使这种表达方式带有一定破坏性。

爱，无条件的爱。遭受性侵创伤的孩子，不论年龄大小，都会下意识地在内心自我否定，比如，认为自己不说出来就好了，家里人不会因此吵架；认为是自己的错，才让事情一团糟；认为自己是一个坏孩子，然后归因到认为自己不可能得到爱，也认为自己不配得到爱，也可能会做出其他攻击性、破坏性的行为，等等，同时，又常常会把他人的呵护和照顾当作可怜和同情，反感可怜和同情。事实上，遭受性侵所受创伤的孩子需要的是共情理解，而不是可怜和同情，在他人可怜和同情的眼光下，孩子的自我否定往往会更加固化。

父母爱子女，需要付出无条件的爱，更需要多一些耐心和敏感心，因为遭受性侵创伤的孩子所有表现出的情绪和行为，背后都有一个共同点——恐惧。父母努力看见孩子的情绪，一如既往地表达爱，尝试和孩子有效沟通，体察和了解孩子在情绪背后内心真正恐惧的是什么？是自己的困扰还是家人的态度？是同学、小伙伴的关系？还是忧虑以后？为孩

第七章 帮助男孩面对性暴力，更要避免男孩成为加害者

子的创伤找到下一步恢复的出口。

这个体察和了解的过程不会像小葱拌豆腐一样一清二白，相反却是曲折、复杂、纠缠和模糊的，有时候孩子自己都没有明晰的认识，只有恐惧是确切的，需要父母的耐心和敏感心，一样都不能少。

和孩子重建链接。遭受性侵（特别是遭受熟人性侵）的男孩，其所受到的最严重的心理创伤是人际关系的破坏，是安全感的坍塌。原本信任的人是不值得信任的，如果这样的负面认知走向极端，就逐渐偏向认为周围乃至这个世界都是充满危险的、不安全的，自己无法预测在哪里可以得到安全。童年的这些认知逐渐内化，会采取一些偏差性的行为来自我保护，难以和他人建立并维持一个良好的人际关系，严重破坏孩子的身心健康。

安全感坍塌后，就意味着孩子和父母之间的信任关系破裂了，父母需要和孩子重新建立链接，就好像孩子刚出生时需要和父母建立链接的阶段，但又可能比这个更难。

熟人性侵破坏了孩子人际关系的边界感，颠覆了孩子内心的认知和掌控感，使孩子茫然，不知所措。如果孩子缺乏必要的边界感，也就没有了安全感，会对周围充满惶恐。

重新确立孩子相信父母有能力保护自己的信念链接，当

孩子可以重新获得和父母这样的链接时，父母只有照顾孩子的行为，才能被孩子真正接受，才能重启孩子的安全感。

确立目标。修复孩子性侵心理创伤是一个需要父母长期努力的目标。当父母可以重新和孩子建立链接后，确立目标就是帮助孩子重新建立自我的一个途径。孩子还会继续成长，针对所要面临的问题，确立一个个小的可以实现的目标，包括从房间走出到客厅，正常吃一顿饭，正常休息，画一幅画……

人的安全感是分层级的，遭受性侵犯的孩子被破坏掉的安全感是自我最基础的安全感层级，需要从最初和父母的信任链接中开始重建。

这些日常小目标就是为了重建和恢复日常生活秩序和修复正常生活轨道中的点点滴滴。规律生活可以帮助孩子建立日常的秩序感，消除茫然不知所措的恐惧。规律和秩序也可以初步帮助孩子建立对生活的确定性，修复被破坏掉的安全感。

考虑交往，重新面对性的问题。孩子遭遇的伤害是性侵的伤害，而性是每个人一生都无法回避的一个重要人生课题。对遭遇到性伤害的过往进行修复的过程中，就必须经历一个重新面对性的问题，这一点特别需要父母帮助。

"让孩子认识到发生性侵犯是侵犯者的责任，不是自己

第七章 帮助男孩面对性暴力,更要避免男孩成为加害者

的错"是第一个认知。之后该如何看待性?性是羞耻的吗?性是可以用来攻击他人的吗?性还可能是平等的吗?性是由男性控制的吗?两性关系中的性还包含快乐在里面吗?这些都会重新摆在父母和孩子面前,父母如果回避,问题不但不能消失,而且会长期甚至终身影响孩子。

希望父母回看一下第二章关于"应该向男孩传递什么性理念"的内容,身体自主权意识、性平等意识、尊重的意识仍旧是男孩性理念中的三个关键点。随着年龄增长,男孩对自己和外界期望得到更多的掌控感,这三个方面仍旧是修复男孩性心理创伤的关键点。

最后就是走向自由,重获新生。父母和孩子都需要付出长期而艰苦的努力。负面影响可能是终身的,但同样,也是能够被消除的,最起码经过努力,是能够被减少的。

当受害孩子逐渐感觉到这个世界依然存在安全感,建立起了人际间的信任感,有能力分辨和面对外在环境带给自己的压力,感到自己是有选择权的,可以选择爱和被爱,也感受到和看到未来的希望,对自己的价值重新有了认识和定位。这个时候,曾经的心灵创伤就成为他有勇气面对困境的财富。

父母都希望遭受创伤的孩子可以尽快恢复过来,走向自由,重获新生,但在这个过程中是艰难的,父母、家庭的信任、支持和保护,对被害男孩而言至关重要,同时,也特别

提醒父母，性侵心理创伤根据每个人个体的不同有较大的区别，在必要的时候，应该及时帮助孩子寻找专业团队进行治疗和援助。科学有效的心理治疗是最佳选择。